# ENTREZ EN CRÉA THÉRAPIE

*Je remercie en premier lieu Nathalie Saulnier qui m'a sollicitée et boostée pour écrire un livre. Elle a cru en moi, m'a fait dépasser mes limites et m'a fait partager ses expériences de créatrice.*

*Je remercie Anne-Sophie Pawlas qui n'a pas cessé de me stimuler et de me guider dans la concrétisation de ce projet, au-delà de son travail de directrice éditoriale.*

*Merci à tous les intervenants qui m'ont aidée de près ou de loin dans la réalisation de cet ouvrage et particulièrement Jean-Baptiste Amand, mon ami musicien pour son aide précieuse. Je suis sincèrement reconnaissante envers toutes les personnes qui sont venues me consulter, pour la confiance qu'elles m'ont témoignée et l'inspiration qu'elles ont exercée sur moi.*

*Merci à mon mari Dov, mes enfants Alison et Elie, pour leur patience et leurs encouragements.*

*Je remercie la vie qui m'apporte sans cesse des événements de joie et de satisfaction.*

*À Yves.*

LOUISE HADDAD

# ENTREZ EN CRÉA THÉRAPIE

LES BIENFAITS ET LES PLAISIRS D'UNE CRÉATION QUI NOUS RESSEMBLE

LE TEMPS APPRIVOISÉ

# Sommaire

# Avant-propos

Il y a déjà 25 ans, j'ai pris une décision qui a changé ma vie : faire de la sophrologie… Dès la première séance, j'ai tout de suite été séduite par ces techniques de respiration et de prise de conscience de mon corps. J'ai rapidement compris que ces pratiques étaient faciles à reproduire seule et s'avéraient être un moyen très efficace pour élargir ma perception de mes capacités et de mon environnement.

J'ai observé au fil des jours que j'étais devenue plus positive et plus optimiste et j'ai pris conscience que j'étais davantage capable de m'adapter à n'importe quelle situation : mon quotidien m'apparaissait au fur et à mesure tellement plus léger !

Au regard du potentiel que la sophrologie a eu sur moi, j'ai voulu à mon tour partager ses bienfaits et me suis formée à cette pratique.

Déjà enseignante et pédagogue, j'ai compris que le fait de transmettre cette méthode allait être pour moi un cap important et nécessaire dans ma vie. J'ai alors entrepris un master en sophrologie caycédienne. J'ai ensuite complété ma formation de sophrologue avec de nombreuses pratiques comme la sophrologie ludique, la relaxation et l'hypnose, car j'ai vite compris l'intérêt de mixer ces différentes approches en thérapie.

La sophrologie peut aider à améliorer et à résoudre beaucoup de pathologies (de l'arrêt du tabac à la gestion des comportements alimentaires, en passant par la maîtrise de l'anxiété, l'amélioration des conditions de sommeil ou la disparition de phobies). J'ai par ailleurs eu l'occasion de remarquer que beaucoup de personnes qui viennent me consulter font face à des angoisses, qui les paralysent dans leurs actions… et leur créativité. Étant moi-même chanteuse et étant amenée à m'exprimer sur une scène, à m'exposer au public et à gérer le relationnel avec les musiciens, j'ai bien réalisé que toutes les thérapies que je transmettais dans mon cabinet me servaient énormément dans mon propre développement. Je me suis alors intéressée particulièrement aux techniques appropriées à la création pour la stimuler, la faire émerger et surtout en faire prendre conscience. Le créatif sait qu'il crée mais n'a pas toujours conscience de ce qu'il met en œuvre pour y arriver, et surtout, il ignore souvent ses propres problématiques qui l'empêchent de se dépasser.

Voici quelques exemples qui parlent d'eux-mêmes…

Pour créer, il faut prendre des risques : Virginie, la trentaine, est venue me consulter car la perception de ses capacités était très négative et elle disait se sentir incapable de prendre des initiatives dans sa vie intime et professionnelle. La jeune femme m'a avoué qu'elle prenait des cours de couture pour son loisir, mais se sentait complètement bloquée dès qu'elle s'éloignait de son professeur. Elle n'osait pas créer toute seule. Les morceaux de tissu restaient plusieurs jours sur sa table de travail sans qu'elle ne les touche. Cela la rendait très triste et en colère. Elle reconnaissait qu'elle maîtrisait très bien les techniques qu'elle avait apprises en cours de couture mais se lancer lui paraissait impossible. Elle souffrait de manque de confiance en elle ! Nous avons pratiqué plusieurs exercices de respiration pour lui apporter détente et lâcher-prise. Nous avons travaillé sur des techniques de visualisation dans lesquelles elle se sentait en confiance et en réussite. Après plusieurs séances, elle s'est sentie débridée et capable de s'affirmer. Quelques mois plus tard, elle a même postulé dans une entreprise de prêt-à-porter dans laquelle elle a pu s'épanouir, chose inimaginable quand elle a franchi la porte de mon cabinet. Je suis toujours en contact avec Virginie et elle me dit mettre toujours en pratique les techniques que j'ai pratiquées avec elle de façon autonome, car elles continuent à apporter leurs bienfaits.

Il y a quelques mois, un artiste parolier, Laurent est venu me consulter. Il était parvenu à établir une relation de confiance réciproque avec un musicien de renommée internationale et cette collaboration semblait très prometteuse. Mais au moment de se mettre au travail, Laurent s'est retrouvé complètement incapable de composer, totalement à cours d'idées. Les jours défilaient, il passait des heures devant son ordinateur, mais rien… la page blanche. Des sentiments très négatifs se sont alors immiscés comme celui d'être un imposteur, de toujours composer des chansons insignifiantes et de ne jamais pouvoir satisfaire cette pointure musicale qui l'avait sollicité. Il tournait en boucle avec cette question « Pourquoi ? » Il n'avait jusque-là jamais manqué d'inspiration… Nous avons donc entamé un travail pour chasser les doutes et les peurs en mettant en place des techniques de respiration et de postures du corps. Les exercices de visualisation sur un souvenir où il avait été particulièrement confiant et où il avait eu la capacité de s'affirmer lui ont permis de reprendre confiance et l'ont remis face à ses réussites antérieures. Après quelques séances, l'estime de soi et la confiance en soi se sont renforcées. La libération de ces croyances limitantes était comme magique et, en effet, les compositions se sont révélées remarquables !

Ces deux exemples montrent à quel point la sophrologie et les différentes techniques qui peuvent se combiner à elle ont un pouvoir essentiel sur la personne créative. C'est la raison pour laquelle j'ai eu envie de rassembler dans un livre toutes les techniques proposées depuis de nombreuses années dans mon cabinet afin d'apporter des outils pratiques pour les créatifs confirmés ou en devenir.

Rentrons maintenant dans le vif du sujet !

# Le bien-être par la création

La créativité est la capacité à produire une idée, un concept ou un objet qui soit à la fois nouveau, original et adapté à une situation. Elle agit sur notre état d'esprit car elle offre à l'individu un bien-être mental et physique, une connexion avec son intérieur et avec son environnement social.

## Le bien-être mental

Il est au cœur de la pratique artistique. Avant de commencer à créer, nous visualisons le processus créatif en nous ouvrant sur notre monde imaginaire qui nous extrait du quotidien. Au moment de créer, une sensation de libération naît, nous ressentons du plaisir et d'autres émotions positives. Au stade final de la création, un sentiment d'accomplissement de soi et de fierté nous envahit.

## Le bien-être physique

Il passe par le choix de la technique : nous réagissons différemment physiquement en malaxant l'argile, qui peut avoir un effet antistress mécanique. En sculptant la pierre, nous impliquons tout notre corps, nous allons utiliser toute notre force, nous pourrons décharger notre énergie, nous défouler. En pratiquant l'encre ou l'aquarelle, nous allons être amenés à anticiper des gestes très précis à exécuter parfaitement pour obtenir le résultat désiré. Cela demande beaucoup de concentration.

## Le bien-être social

Il intervient en tissant des liens à travers le partage de créations et/ou de techniques. Pour une personne qui aura des difficultés à communiquer, la création va être un moyen d'expression sans obligation de dire les mots. Le musicien, lorsqu'il décide de jouer du jazz, va s'intéresser aux musiciens qui pratiquent cette musique, et sa motivation va naître de l'identification au jazzman qu'il écoute. Il offrira sa création à la communauté à laquelle il appartient et créera une interaction sociale.

Nous libérons notre créativité pour en faire un moteur de développement personnel. Elle nous permet d'apprendre à être dans l'instant présent comme dans la pleine conscience, appelée *mindfulness* en anglais. Créer libère du stress, vide le mental ou calme notre petite voix intérieure. Nous exprimons nos émotions et nous développons certaines valeurs de vie dont nous n'avons pas forcément conscience. Nous nous reconnectons à d'autres modes d'expression que le langage verbal et nous retrouvons notre capacité d'émerveillement.

Lorsque nous créons, nous sécrétons différentes hormones qui agissent positivement sur notre bien-être et donc sur notre santé mentale, physique et émotionnelle.

Si nous prenons le temps de nous arrêter et de nous observer, nous nous rendons compte que nous faisons sans cesse preuve de créativité, dans des activités quotidiennes comme ranger son bureau, agencer son intérieur, cuisiner un plat ou jardiner. Imaginer, faire émerger son intuition et décider d'agir sont les trois ingrédients de la créativité. Prendre conscience que nous élaborons un processus créatif à chaque activité va développer notre bien-être et accentuer notre côté créatif.

Développer sa créativité, c'est aussi trouver des solutions pour faire face aux obstacles que nous rencontrons. Une bonne santé passe par un équilibre entre le corps, le mental et l'émotionnel. Quand nous explorons notre créativité, nous nous connectons à l'ensemble de notre être. La création permet souvent de mettre une distance entre le vécu et la personne. Quand nous sommes bloqués dans une situation vécue comme difficile, nous avons tendance à garder le nez collé au problème. Mais respirer, s'ancrer dans le sol, prendre conscience de ses sens, de ses émotions ou de ses valeurs permet de prendre du recul. Notre champ de vision se trouvera élargi et notre point de vue changé.

## Un livre pour les créatifs ? Pas seulement !

De prime abord, ce livre s'adresse aux créatifs qui veulent améliorer leur créativité grâce à des exercices psycho-corporels de respiration, de visualisation, d'automassage empruntés à la relaxation et à la sophrologie.

Nous allons prendre conscience d'expériences sensorielles qui s'offrent à nous pendant l'acte créatif et cela va augmenter la capacité à accéder à notre potentiel intérieur. Nous allons mettre en évidence les émotions positives qui se manifestent en nous et nos valeurs essentielles stimulées pendant les activités créatives, en appliquant au niveau plus profond ce que nous savons déjà.

Nous allons démontrer qu'être créatif apporte des bienfaits sur la construction de soi.

Faire et aimer faire est bon pour la santé et pour le moral, car cela va booster la confiance en soi, créer une harmonie entre l'esprit et le corps et développer l'optimisme, des capacités que nous allons faire émerger grâce à la pleine conscience. Ce qui va permettre de libérer la créativité qui sommeille en nous et contribuer à notre épanouissement personnel.

Mais si vous vous considérez comme non-créatif, si vous pensez que vous n'êtes pas doué pour les loisirs créatifs, si vous admirez des personnes qui le sont, qui sont capables de faire tellement de choses avec leurs mains comme coudre, peindre ou bricoler, à l'inverse de vous, cet ouvrage va vous aider à prendre confiance en vous. Vous allez vite réaliser que votre cerveau est tout simplement une machine à créativité.

Les recherches scientifiques ont montré que la créativité est une des formes d'intelligence que nous avons tous en nous et que nous pouvons travailler. C'est une aptitude qui stimule l'ensemble de notre processus de pensée requérant de la curiosité, de l'empathie, de l'estime de soi, de l'adaptabilité, de l'ouverture de ses émotions... Donc rassurez-vous, les exercices proposés vont vous encourager à mettre en œuvre votre potentiel créatif en explorant votre intérieur émotionnel.

La force de votre mental que nous allons développer va vous permettre de sublimer les émotions agréables comme la joie, l'espoir, la gratitude, l'amour en repoussant celles qui pourraient vous paralyser comme la tristesse, l'agitation intérieure, le désintérêt...

Vous allez apprendre à mieux vous connaître, en mettant l'accent sur vos forces et vos aptitudes, vos valeurs de vie, comme la fierté, la liberté, la persévérance... Une série de dix valeurs sera mise en exergue et développée avec des exercices spécifiques dans lesquels vous apprendrez à diffuser vos valeurs à l'intérieur et à l'extérieur de votre corps.

# Des exercices pour développer la créativité

La méthode préconisée s'articule autour d'exercices préparatoires basés sur la respiration pour vous mettre en condition de créer. Vous allez découvrir plusieurs façons de respirer : la respiration carrée, la respiration abdominale, la respiration thoracique et la respiration synchronisée. Chacune avec sa spécificité sollicite différents organes corporels et vise des objectifs psychiques variés.

Cette méthode va s'inspirer de pratiques de sophrologie, de relaxation et de méditation. Chaque technique va vous permettre de vous relaxer et donc vous mettre en condition idéale de créativité.

Vous vous familiarisez ensuite avec plusieurs méthodes de relaxation comme la cohérence cardiaque ou celle de Jacobson.

Vous prendrez connaissance des trois phases du plus grand mal du siècle : – le stress – et apprendrez à le gérer grâce à différents exercices.

Puis vous comprendrez ce que signifie le lâcher-prise et comment y arriver.

Vous pratiquerez des exercices d'automassage pour apaiser vos tensions musculaires.

Vous vous concentrerez sur vos cinq sens pour vous relaxer et apprécier en pleine conscience chaque phase de votre création.

Plusieurs exercices vont être consacrés à la visualisation. Après avoir pris connaissance de ce concept, vous pratiquerez des techniques pour détendre différentes parties de votre corps en commençant par la tête, vos membres supérieurs comme les bras, les épaules, les mains, les poignets, puis votre corps dans sa globalité.

Vous apprendrez à vous ancrer dans le sol et à sentir votre axe corporel pour vous mettre dans des conditions optimales de création.

Vous découvrirez la technique pour déplacer votre négatif à l'extérieur de vous et vous pourrez découvrir un exercice spécifique comme la « tridimensionnalité » afin de prendre conscience des objets qui vous entourent.

Tous ces exercices sont très simples et sans contrainte car ils peuvent être réalisés à tout instant au cours de la journée.

Pendant vos actions créatrices, vous comprendrez quelles sont les émotions positives que vous mettez en ébullition et comment chasser les émotions désagréables qui pourraient se glisser dans votre mental grâce à une série d'exercices spécifiques à chaque émotion.

Vous apprendrez à vous connecter mentalement et physiquement à vos valeurs de vie mises en évidence avec des exercices particuliers.

Pour conclure, vous serez en mesure d'actionner, dans votre mental, trois capacités vitales qui donnent un sens à votre vie : la **confiance en soi**, l'**harmonie entre votre corps et votre esprit** et votre **capacité à être optimiste**.

## La pratique des exercices

Il est recommandé d'enregistrer les exercices avec un appareil audio afin de pouvoir les écouter facilement et ainsi vous détacher de l'écrit pour entrer dans l'entraînement guidé par votre voix. Un moyen efficace pour mémoriser la trame de chaque exercice !

Le QR Code que vous trouverez sur la quatrième de couverture vous permettra également d'avoir accès à l'audio de chaque technique sur le site bienetresophro.net.

À chaque exercice, vous serez invité à écrire vos ressentis du moment afin de laisser une trace de mémoire. Vous pourrez alors facilement vous rendre compte des états physiques et émotionnels successifs par lesquels vous serez passé tout au long des pratiques. Vous percevrez une certaine évolution de ce que vous avez vécu car un changement intérieur va s'opérer en vous…

La répétition des exercices est essentielle afin d'optimiser les résultats corporels et psychiques attendus.

# Se mettre en condition : la préparation

# La respiration

Le simple fait de respirer peut sembler la chose la plus naturelle. Vitale et bien sûr essentielle d'un point de vue physiologique, la respiration se fait de manière spontanée et automatique. Et pourtant, se concentrer sur sa respiration présente de nombreux avantages à ne pas négliger.

La respiration nourrit notre énergie, véhicule nos émotions, assure l'oxygénation de tous nos organes et nous aide à nous débarrasser de nos toxines comme de nos idées parasites.

Dans la pratique, nous allons d'abord nous concentrer, c'est-à-dire convertir notre regard, nous tourner vers notre monde interne en nous focalisant sur notre respiration. Nous allons nous isoler du monde extérieur et notre intérieur va pouvoir apparaître. Lorsque nous sommes présents à notre respiration, nous nous connectons à l'ici et maintenant. Nous pouvons modifier son amplitude, son rythme, puis relâcher et enfin laisser repartir ce mouvement naturel, autonome de la vie. Nous pouvons à ce moment-là repérer dans notre corps les modifications internes qui se sont produites. Nous allons prendre conscience de notre capacité à intervenir, à laisser une trace dans notre psychique et notre corps, et à nous sentir modifiés par cette intervention.

Apprendre à respirer en adoptant la respiration abdominale, celle du lâcher-prise (celle pratiquée en dormant), ou la respiration synchronisée avec des mouvements de bras nous permet de nous détourner d'une sensation qui va nous paraître négative et nous orienter vers une sensation qui va être positive pour nous tout en tranquillisant notre esprit.

## La cohérence cardiaque

La cohérence cardiaque est une méthode de relaxation qui permet d'apprendre à contrôler sa respiration afin de réguler son stress et son anxiété. Elle est très efficace puisqu'on peut réguler son rythme cardiaque en quelques minutes seulement.

Les études scientifiques ont démontré que, lorsque nous sommes agités sur le plan intérieur (stress, inquiétude...), notre variabilité cardiaque, c'est-à-dire l'onde émise par le système nerveux entre deux battements de cœur, oscille plus vite. Or, grâce à une technique respiratoire lente et précise – on parle de fréquences de résonances fixes –, on peut aider à rééquilibrer le système nerveux en diminuant notamment la production de cortisol, la principale hormone du stress.

Pour obtenir cet équilibre de cohérence cardiaque, il est nécessaire de respirer six fois par minute : cinq secondes à l'inspiration, cinq secondes à l'expiration. Ce n'est pas la seule méthode mais c'est la plus simple car il s'agit d'une fréquence respiratoire commune à tous, d'une constante physiologique propre à l'être humain.

**L'objectif ?** Réguler son stress et équilibrer ses émotions pour aborder l'acte créatif en toute sérénité.

**Quand ?** À chaque doute.

**Comment ?** À pratiquer en position debout.

**Combien de temps ?** 5 minutes.

- ★ Je me place en position debout.
- ★ J'installe une respiration abdominale lente et profonde.
- ★ Puis j'inspire par le nez pendant 5 secondes (je peux compter sur mes doigts jusqu'à 5).
- ★ Je retiens l'air dans mes poumons pendant 12 secondes (je peux compter sur mes doigts jusqu'à 12).
- ★ J'expire par la bouche pendant 5 secondes (je peux compter sur mes doigts jusqu'à 5).
- ★ J'expire le plus profondément possible en allant jusqu'au bout du souffle.
- ★ Je porte mon attention sur la région du cœur en imaginant que je respire à travers lui...
- ★ Je prends conscience d'une union entre mon cœur et mon cerveau.

**Conseil**

*Une astuce pour vous souvenir de cette pratique, le fameux 3.6.5 pour : 3 fois par jour, 6 respirations par minute, pendant 5 minutes.*

**J'ai ressenti...**

..........................................................................................

..........................................................................................

..........................................................................................

..........................................................................................

..........................................................................................

..........................................................................................

## La respiration abdominale

On l'appelle aussi respiration ventrale ou diaphragmatique car elle se pratique avec le diaphragme, un petit muscle qui se situe en dessous des poumons. Accroché au sternum, il est inséré dans le milieu du dos et longe les côtes. Lorsque nous inspirons avec le ventre, le diaphragme prend la forme d'un petit ballon qui se gonfle en accueillant l'air, et lorsque nous expirons, il prend la forme d'un soufflet pour évacuer l'air. Ce mouvement de montée et de descente vient stimuler un endroit stratégique, le plexus solaire qu'on appelle aussi le « nid des émotions ». Le diaphragme vient masser le plexus solaire qui, lui, va entendre le message de bien-être et diffuser les fameuses endorphines. Le cœur va alors progressivement ralentir. Tout le système de détente se met donc en place en partie grâce au mouvement lent du diaphragme. La respiration abdominale n'est pas une respiration naturelle, elle le devient lorsque nous dormons et que nous ne pensons à rien.

On comprend mieux pourquoi apprendre à respirer en pleine conscience par le ventre est essentiel et surtout bénéfique pour la détente. Dans un état de calme, c'est notre ventre qui se gonfle à l'inspiration car les poumons se distendent vers le bas. En revanche, dans un état de stress, le diaphragme se tétanise, empêchant les poumons de descendre vers le bas.

**L'objectif ?** Se préparer à la création sans stress ni idées parasites.
**Quand ?** Aussi souvent que possible.
**Comment ?** À pratiquer en position assise ou debout.
**Combien de temps ?** 1 minute.

- ★ Je pose les mains sur le ventre pour mieux sentir le va-et-vient de ma respiration.
- ★ J'inspire par le nez en gonflant le ventre comme un ballon.
- ★ J'expire lentement par la bouche en rentrant progressivement le ventre.
- ★ Je vide l'air de mes poumons.
- ★ De nouveau, j'inspire en gonflant le ventre comme un ballon et en bloquant l'air dans mes poumons quelques secondes.
- ★ J'expire lentement par la bouche en rentrant le ventre.

## Conseil

*Plus longue est l'expiration, meilleure sera la détente. En inspirant, nous pouvons imaginer que nous nous remplissons d'oxygène, d'air pur, d'énergie positive. Et en expirant, nous expulsons le dioxyde de carbone, nous évacuons nos soucis, nos pensées négatives, notre stress.*

## J'ai ressenti…

.....................................................................................................

.....................................................................................................

.....................................................................................................

.....................................................................................................

.....................................................................................................

.....................................................................................................

## La respiration carrée

La respiration carrée détient son nom car elle s'effectue en 4 temps égaux : temps d'inspiration, temps de rétention (apnée poumons pleins), temps d'expiration, temps de rétention (apnée poumons vides). L'inspiration et l'expiration se font par le nez, ce qui rend l'exercice discret et possible à faire dans n'importe quel lieu, dans toutes les positions. Les effets de cet exercice se ressentent au bout de 10 répétitions. Cette respiration est issue du Pranayama (discipline du souffle, utilisée notamment en yoga). C'est une bonne ressource en cas de stress, d'agitation intérieure et d'anxiété car elle abaisse la tension artérielle.

**L'objectif ?** Abaisser la tension artérielle en cas d'agitation intérieure.
**Quand ?** À chaque fois que le besoin s'en fait sentir.
**Comment ?** À pratiquer en position debout ou assise.
**Combien de temps ?** 3 minutes.

★ Je visualise un carré.
★ Je place une main sur le ventre.
★ Je m'apprête à dessiner un carré avec l'autre main en synchronisant mon geste et ma respiration.
★ Je commence à inspirer en comptant mentalement jusqu'à 3 et en dessinant avec ma main un côté vertical du carré de haut en bas.
★ Mon abdomen se gonfle naturellement.
★ Je bloque ma respiration, poumons pleins, en comptant jusqu'à 3 et en dessinant avec ma main un côté horizontal.

★ J'expire par la bouche pour vider totalement mes poumons en comptant jusqu'à 3 et en dessinant avec ma main le côté vertical de bas en haut en descendant.
★ Mon abdomen se creuse.
★ Je reste en apnée, poumons vides, en comptant jusqu'à 3 et en terminant de dessiner le carré avec ma main.
★ Je recommence, toujours en associant le geste mimant un carré et ma respiration.
★ J'inspire en comptant jusqu'à 3, rétention d'air poumons pleins jusqu'à 3, je souffle jusqu'à 3, rétention d'air poumons vides jusqu'à 3 et ainsi de suite.
★ Je recommence 5 à 6 fois ce cycle.
★ Je reviens à une respiration naturelle.
★ Je contemple à présent ce qu'il se passe dans mon corps, ce qui a changé au niveau de mon état et de mes sensations…

**Conseil**

*Bloquer la respiration signifie suspendre la respiration en douceur pour se retrouver dans une apnée maîtrisée, non forcée.*

**J'ai ressenti…**

…………………………………………………………………………………

…………………………………………………………………………………

…………………………………………………………………………………

…………………………………………………………………………………

…………………………………………………………………………………

…………………………………………………………………………………

## La respiration thoracique

La respiration thoracique est celle que nous pratiquons inconsciemment et instinctivement dans la grande majorité des cas. Elle correspond à un mouvement où la cage thoracique se gonfle et où les épaules se surélèvent à l'inspiration.
La respiration thoracique favorise la libération des émotions et détend les muscles de cette zone. Lorsqu'elle se pratique de manière ample et profonde, elle libère la poitrine et se révèle euphorisante.

**L'objectif ?** Rentrer dans l'acte créatif en se libérant de ses émotions désagréables par une ouverture ample et profonde de la cage thoracique.
**Quand ?** À chaque sensation d'oppression au niveau de la poitrine.
**Comment ?** À pratiquer en position debout.
**Combien de temps ?** 3 minutes.

★ Je prends bien conscience de mes pieds ancrés dans le sol.
★ Je tire mes épaules vers l'arrière comme si je voulais gonfler ma poitrine.
★ Je lève les bras vers l'avant à hauteur de ma poitrine.
★ Je fléchis mes coudes pour que mes avant-bras forment un angle droit avec les bras.
★ J'inspire lentement par le nez en écartant les bras vers l'extérieur (comme si j'ouvrais mes fenêtres).
★ Je garde l'air dans mes poumons pendant quelques secondes.
★ Je ramène les bras toujours fléchis devant moi en expirant par la bouche (comme si je refermais mes fenêtres).
★ Je recommence 3 fois avant de relâcher les bras.

J'ai ressenti…

## La respiration synchronisée

C'est une courte pratique inspirée du yoga pour nous aider à synchroniser le mouvement et la respiration.
La respiration nous permet d'habiter vraiment le corps et de toujours rester conscient de sa respiration.
À travers une synchronisation de la respiration et du mouvement, cet exercice fait circuler l'énergie, libère les tensions, apaise le mental, améliore la concentration et permet d'acquérir progressivement solidité, assurance, tonus musculaire et souplesse.
Coordonner ses mouvements au travail respiratoire nous aide à explorer notre espace intérieur à travers nos propres limites corporelles et émotionnelles… et permet ainsi d'être en harmonie avec soi.

**L'objectif ?** Prendre conscience de son équilibre et de son axe corporel, savoir réguler sa respiration pour trouver une harmonie physique.
**Quand ?** Avant de se mettre à l'ouvrage.
**Comment ?** À pratiquer en position debout.
**Temps de pratique :** 3 minutes.

★ Je me place en position debout.
★ Je prends bien conscience de mes pieds fortement ancrés dans le sol, comme si j'avais des semelles de plomb.
★ Dans cette position d'équilibre, j'inspire en levant les bras.
★ Je bloque ma respiration.
★ Je tends mon corps légèrement.
★ J'expire en baissant les bras.
★ Je me relaxe.
★ Je répète ces opérations 3 fois.
★ Je m'assois.
★ Je fais une pause pour intégrer ce qu'il vient de se passer.
★ Je vis au niveau profond de ma conscience la vie qui se déroule en moi, sans a priori, comme si je la découvrais pour la première fois...

J'ai ressenti...

..........................................................................................

..........................................................................................

..........................................................................................

..........................................................................................

..........................................................................................

..........................................................................................

..........................................................................................

# Le stress et sa gestion

## Qu'est-ce que le stress ?

Le mot **stress** a plusieurs origines : il vient du latin *stringere,* qui signifie « rendre raide », « serrer », « presser ». Cette racine latine est reprise assez tôt par la langue anglaise où elle est assimilée au mot *distress*, qui signifie « détresse » mais aussi « étroitesse ».

Même si le stress a une connotation essentiellement négative, c'est une réponse normale d'adaptation de notre organisme aux contraintes et agressions que l'on subit chaque jour dans le cadre de notre vie quotidienne. Cette adaptation concerne nos systèmes physiologiques de régulation et de défense, mais aussi des réactions psychologiques et comportementales.

Lorsque nous sommes stressés, c'est tout le corps qui se met en alerte (cœur, respiration, tension musculaire) : c'est ce qui a permis à nos ancêtres d'échapper aux griffes des prédateurs ou de combattre avec férocité les ennemis. Le stress est donc non seulement utile, mais nécessaire à la survie. Quelle que soit la nature du stimulus, la réponse biologique de notre organisme sera invariablement la même.

## Les 3 phases du stress

Plus précisément, le stress est un quasi-réflexe qui se décompose en trois phases : alerte, résistance, épuisement.

• **La phase d'alerte :** le corps réagit, et l'esprit s'y met aussi. Face à une situation stressante, nous évaluons la situation, la menace qu'elle représente et nous raisonnons, nous agissons pour régler le problème ou pour diminuer nos émotions négatives.

À cette phase de choc, l'adrénaline est libérée et fournit à l'organisme l'énergie dont il a besoin en augmentant le rythme du cœur pour mieux oxygéner les muscles. C'est un premier stade où la mémoire et la réflexion sont améliorées. Nos pupilles se dilatent, nous disposons d'une meilleure vision.

• **La phase de résistance:** le stress devient problématique et a des conséquences négatives lorsque nous dépassons cette phase d'alerte et que notre état de tension se prolonge. Des événements stressants qui s'accumulent ou se répètent, l'impossibilité de réagir ou de lâcher-prise nous empêchent de retrouver notre équilibre et notre organisme tente de lutter. L'adrénaline continue à augmenter et ses effets s'intensifient. De plus, une autre hormone (le cortisol) est libérée et provoque une chute des défenses immunitaires. Apparaissent alors des symptômes plus graves comme des problèmes de sommeil, des maux de tête, de la fatigue, de l'anxiété, des tensions musculaires, des troubles digestifs...

• **La phase d'épuisement:** si cette phase de résistance perdure, notre organisme est incapable de faire face car les dépenses énergétiques nécessaires sont trop importantes. Nos défenses immunitaires perdent du terrain, ce qui nous rend extrêmement sensibles aux agressions extérieures. Nous sommes dans un état de tension excessive. Notre organisme est dépassé, la soupape de sécurité explose.

Les taux excessifs d'adrénaline et de cortisol entraînent des symptômes encore plus importants: troubles cardiaques, digestifs (colites, ulcères à l'estomac...), troubles de la mémoire, dépression, burn-out...

Nous ne sommes pas tous égaux face au stress. L'étape de vie à laquelle nous nous trouvons, notre histoire, notre personnalité, nos ressources vont influencer notre perception du problème et notre capacité à envisager une solution.

## Comment gérer son stress ?

Il est essentiel de mesurer les agents stresseurs auxquels nous sommes exposés chaque jour, et de mettre en place des solutions pour réduire la fréquence et l'intensité de ces agressions. Les activités manuelles créatives sont des moyens efficaces pour combattre le stress.

Servez-vous du dessin, du graphisme pour calmer vos colères, pour vous recentrer sur vous-même. Plantez des fleurs dans votre jardin, utilisez vos mains comme des outils, gratifiez-vous du résultat et développez des sentiments d'accomplissement et de détente. Toutes ces actions vont vous demander de la concentration et de la minutie pour éloigner les idées ruminantes.

## Un stress spécifique : le syndrome de la page blanche

Il existe une situation dans laquelle vous pourriez vous retrouver brutalement.

Vous voilà sans inspiration ! Vous n'arrivez plus à écrire le dernier couplet d'une chanson ou le chapitre d'un livre, vous bloquez pour commencer une nouvelle toile de peinture, pour trouver le logo parfait ou confectionner le modèle idéal d'une robe... Vous êtes atteint subitement du syndrome de la page blanche ou leucosélophobie.

Ce qui empêche de développer votre créativité est souvent une certaine forme de perfectionnisme. Votre idée n'est pas assez bonne, pas assez aboutie ou alors vous n'avez pas assez d'expertise. Ces pensées limitantes vous empêchent de vous lâcher complètement et d'oser ! Cela va provoquer une immense source d'angoisse, celle de vous retrouver bloqué indéfiniment, celle d'avoir la peur de ne plus être la personne pour laquelle vous vous étiez identifiée comme si vous alliez perdre une partie de votre identité de créatif.

Et pourtant, le principe même de la créativité repose justement dans le lâcher-prise et le non-jugement. Ne vous inquiétez pas : il s'agit de connaître certaines astuces pour y remédier et se remettre le pied à l'étrier. Et si, tout simplement, vous vous donniez le temps et vous vous autorisiez à espacer les activités de création « en faisant un break » !

Il n'y a pas d'exercice spécifique pour « retrouver » l'inspiration, uniquement des actions à mettre en place. Plutôt simples, voici quelques idées pour retrouver rapidement votre créativité en vous ressentant !

- Profitez-en pour aller vous balader et vous changer les idées. Observez, écoutez, mettez tous vos sens en éveil afin de capter un maximum d'expériences qui pourraient vous redonner l'impulsion de vous remettre au travail.
- Écoutez de la musique, faites du sport, bougez votre corps et musclez votre mental. C'est une façon de retrouver la confiance en vous ! Détendez-vous corporellement pour effacer la pression que vous avez à vouloir absolument réaliser les choses de façon parfaite.
- Faites une visualisation créatrice, visualisez-vous au centre d'un grand écran et voyez-vous en train de faire.
- Noircissez votre page blanche, en commençant par écrire toutes vos idées en vrac sur du papier, parfois avoir le stylo en main permet de dépasser cet instant de blocage et les idées reviennent intuitivement.

• Associez-vous avec une personne qui pourrait être votre partenaire d'écriture, mettez en commun et partagez vos idées, développez une confrontation positive pour vous stimuler réciproquement. Si vous êtes peintre, essayez différentes couleurs et, au gré de votre pinceau, divaguez afin de trouver le sujet qui vous inspirera.

• Laissez un espace disponible à l'intérieur de vous où le problème « infuse ».

• N'abandonnez pas mais mettez-vous dans un autre état d'esprit, connectez-vous à votre ancrage corporel, sentez cette connexion profonde qui existe entre vous et la terre, et soyez dans l'acceptation du moment présent.

• Vous pouvez bien sûr aussi pratiquer toutes sortes d'exercices de respiration pour créer un sas de bien-être et effacer tous vos doutes pour ensuite vous remettre à votre ouvrage.

## Méthodes pour réduire son stress

### La relaxation Jacobson

**L'objectif ?** Diminuer notre anxiété et enfin apprendre à lutter contre le stress.
**Quand ?** À chaque fois que le besoin s'est fait sentir.
**Comment ?** À pratiquer en position allongée.
**Combien de temps ?** 5 minutes.

★ Je m'installe dans un endroit calme et confortable.
★ Je m'étends sur le dos, les bras posés le long du corps, les pieds décroisés.
★ Je ferme les yeux pour m'isoler du monde extérieur.
★ J'installe une respiration calme durant toute la durée de l'exercice.
★ J'inspire par le nez et j'expire très lentement par la bouche.
★ Je vais peu à peu induire volontairement une tension spécifique durant 5 secondes à un muscle puis à un groupe de muscles et je relâche.
★ Je contracte les muscles du visage et je relâche.
★ Je contracte le cou et je relâche.
★ Je contracte les épaules et je relâche.
★ Je contracte les bras et je relâche.
★ Je contracte les mains et je relâche.
★ Je contracte la région pelvienne et je relâche.
★ Je contracte les jambes et je relâche.
★ Je contracte les pieds et je relâche.
★ J'observe la décontraction qui s'opère et je ressens l'apaisement qui se diffuse dans tout mon corps.

J'ai ressenti...
.....................................................................................................
.....................................................................................................
.....................................................................................................
.....................................................................................................
.....................................................................................................
.....................................................................................................

## Le lancer de feuilles

**L'objectif ?** Libérer les tensions.
**Quand ?** À chaque fois que le besoin s'en fait sentir.
**Comment ?** À pratiquer en position debout.
**Combien de temps ?** 2 minutes.

★ Je me tiens debout.
★ J'écarte largement les pieds à la largeur de mes hanches.
★ J'inspire par le nez.
★ J'imagine que je vais ramasser une grande brassée de feuilles mortes que je lancerai ensuite aussi loin et aussi haut dans le ciel que je le pourrai.
★ Je me baisse et je ramasse les feuilles en écartant très largement les bras en inspirant.
★ Je les lance en soufflant très fort.
★ Je refais ce mouvement 3 fois.
★ Au moment où je lance les feuilles haut et loin, je pousse un grand cri « ha ! » le plus fort possible.

**Conseil**

*Pousser un cri libérateur provoque un grand soulagement et une chute des tensions.*

**J'ai ressenti…**

.....................................................................................................

.....................................................................................................

.....................................................................................................

.....................................................................................................

## Le « bof ! »

**L'objectif ?** Laissez tomber toutes les tensions.
**Quand ?** À chaque fois que le besoin s'en fait sentir.
**Comment ?** À pratiquer en position debout.
**Combien de temps ?** 2 minutes.

★ Je me tiens debout.
★ J'écarte les pieds légèrement.
★ Je relâche les bras le long du corps.
★ J'inspire par le nez.
★ Je hausse les épaules comme si je voulais exprimer un « je m'en fiche ! » ou un « bof ! » le plus spontanément et le plus sincèrement possible.
★ Je le fais une dizaine de fois environ.

*J'ai ressenti...*

..........................................................................................

..........................................................................................

..........................................................................................

..........................................................................................

..........................................................................................

..........................................................................................

# L'importance des sens dans l'acte créatif

## Quels sens ?

Les sens permettent d'identifier des informations à propos de ce qui nous entoure. Il s'agit alors de sens externes qui nous aident à mieux appréhender notre environnement. Lorsque nous parlons de nos sens, nous évoquons les fonctions sensorielles des cinq sens démontrés par Aristote au IVe siècle av. J.-C. : la vue, l'ouïe, le goût, l'odorat et le toucher.

Cependant, depuis une vingtaine d'années, la communauté scientifique a remis en question cette définition. D'autres sens existeraient, des sens internes et non externes, comme ceux identifiés par Aristote.

Ces quatre sens supplémentaires participent à la perception du monde et ne doivent pas être négligés.

- **La nociception** nous permet de ressentir la douleur et nous protège des attaques extérieures. Grâce à ce sens, nous sommes capables de réagir spécifiquement aux agressions chimiques. C'est le cas lorsque quelques gouttes de citron révèlent l'existence d'une minuscule coupure.
- **La proprioception** est la perception de notre corps. Nous pouvons localiser nos membres sans même les regarder. Par exemple, en utilisant la proprioception, si on vous demande de lever la main droite, vous saurez pertinemment de quelle partie de votre corps il s'agit.
- **La thermoception** est la perception de la température, au moyen de récepteurs qui sont essentiellement présents sur notre peau. C'est grâce à ce sens que nous savons si nous devons nous couvrir ou non.

- **L'équilibrioception** est le sens de l'équilibre. Il passe par la vue, mais ses récepteurs se situent dans nos oreilles internes ! C'est lui qui nous permet de rester stable sur nos deux pieds.

Le fait de s'intéresser à tous vos sens, plus exactement à vos fonctions sensorielles et de saisir en quoi s'y connecter est important, favorisera et développera vos capacités créatives.

## La relaxation par les sens

Nos cinq sens sont faits pour nous tenir en éveil, nous alerter des dangers et nous informer sur notre environnement. Néanmoins, ces utilisations quotidiennes nous font oublier que ces mêmes sens peuvent aussi être sources de relaxation, de bien-être et de méditation.

Il est nécessaire d'entrer dans la matière en se connectant à chaque sens : prendre le temps de regarder chaque outil, chaque objet que nous allons utiliser, le toucher, le sentir sous ses doigts, le respirer en imaginant son histoire, laisser remonter des souvenirs d'enfance qu'il évoque…

Il faut ouvrir son esprit à chaque sensation, être disponible et complètement connecté pour se préparer à la création.

## Quel rôle ont les sens ?

### La vue

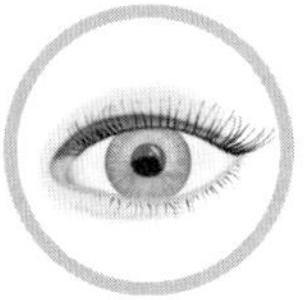

Notre vue est le premier sens que nous mettons en action et dont nous avons conscience.

Sur le plan anatomique, l'ensemble de la rétine est tapissé de cellules capables de capter la lumière, appelées photorécepteurs, dont certaines sont spécialisées dans la vision des couleurs, du noir et du blanc ou la vision de nuit. Les photorécepteurs contiennent un pigment chimique qui est modifié par la lumière, produisant une stimulation électrique au niveau des terminaisons nerveuses auxquelles ils sont connectés. Tous ces signaux sont alors transmis au cerveau grâce au nerf optique pour qu'il reconstitue l'image.

Dès l'enfance, nous apprenons à reconnaître les couleurs, les formes et à les décrire. La vue nous donne d'immenses possibilités.

***Les couleurs***

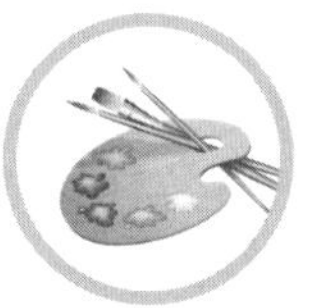

Nous sommes très sensibles aux couleurs et nos choix de couleur vont se faire en fonction de nos goûts mais aussi de nos humeurs…

Des études scientifiques ont été réalisées prouvant que les couleurs vont impacter notre quotidien et peuvent avoir une influence sur notre comportement. Le pouvoir des couleurs est reconnu. Le travail avec les couleurs, grâce à la chromothérapie, améliore la santé de certains patients. Cette méthode d'harmonisation et d'aide à la guérison de certains troubles, physiques ou émotionnels, se fait en se basant sur l'utilisation des couleurs. La projection de lumières colorées sur les différentes parties du corps permet de maintenir le bon fonctionnement de l'organisme et d'apporter les compléments de lumière nécessaires au maintien et à l'équilibre de la vie. C'est dire combien les couleurs sont importantes et non négligeables !

Chaque couleur a une signification cachée et exerce ses effets à un niveau inconscient. Nous pouvons dresser les significations générales, véhiculées en Europe, des onze couleurs largement utilisées. Il faut noter que nos expériences individuelles et nos liens culturels peuvent « modifier » de manière sensible la perception du sens que chaque couleur va avoir pour chacun d'entre nous.

| Couleur | Signification | Contexte négatif |
|---|---|---|
| **Le bleu** | **Les tons clairs :** le merveilleux, la liberté, le rêve, la jeunesse, le ciel, l'eau, la mer, l'espace, l'air, l'évasion, la paix, l'apaisement **Les tons foncés :** la vérité, la confiance, la loyauté, l'intelligence, la sécurité, le voyage | La mélancolie, la froideur |
| **Le rouge** | La chaleur, la puissance, l'amour, le dynamisme, la sensualité, la passion, la créativité | Le danger, la révolte, le sang |
| **Le jaune** | La chaleur, la lumière, l'énergie, la bonne humeur, la joie de vivre, la logique, l'humour | La traîtrise, le mensonge, la tromperie |
| **Le vert** | Le calme, le repos, la stabilité, l'équilibre, la croissance, la santé, la fraîcheur, la nature, l'espoir | L'échec, l'infortune |

| Couleur | Signification | Contexte négatif |
|---|---|---|
| **Le violet** | La délicatesse, la douceur, le rêve, la magie, le fantastique, l'imaginaire, la sérénité, la spiritualité, le secret, la prospérité, la noblesse | La mélancolie, la solitude, la tristesse, la jalousie |
| **L'orange** | La joie, le plaisir, l'optimisme, l'énergie, l'action, la vitalité, la force, l'endurance, la communication, la créativité, le soleil, la chaleur, le feu, la lumière, l'automne | L'agressivité |
| **Le rose** | La tendresse, la douceur, le bonheur, le romantisme, la féminité, la compassion, l'enfance, la sensualité, l'érotisme | La candeur |
| **Le brun** | La terre, le bois, la chaleur, le confort, la douceur, l'aspect brut, le naturel, la sécurité | L'inquiétude, l'égoïsme, la fadeur |
| **Le noir** | Le mystère, la rigueur, le luxe, la distinction, l'élégance, le raffinement, la modernité | L'austérité, le renoncement, la peur, le deuil, la tristesse, l'obscurité, le néant, la mort |
| **Le blanc** | La pureté, la propreté, la perfection, la brillance, l'éclat, l'innocence, la virginité | Le manque d'inspiration |
| **Le doré** | La puissance, la fécondité, la chaleur, la tradition, le prestige, la richesse, le luxe | La cupidité |

***Soyez à votre écoute !***

*Prenez le temps d'apprécier la profondeur du rouge de votre laine et captez-en toute l'énergie.*

*Percevez comment l'orange de votre tissu attise votre créativité.*

*Appréciez la vivacité du jaune de votre peinture et la façon dont il stimule votre activité cérébrale.*

*Délectez-vous de la variété de verts que vous observez au printemps dans votre jardin vous inspirant la paix intérieure.*

### *Les formes*

Notre capacité visuelle nous renseigne également sur les formes et la densité des matériaux ou des outils que nous utilisons.

Chaque forme et chaque ligne véhiculent des idées ou des symboliques bien précises. Elles ont le pouvoir de nous influencer et d'évoquer un sentiment. Pour nos réalisations créatives, nous allons choisir une forme plutôt qu'une autre pour créer une impression de mouvement, d'éclat de lumière ou de vibration...

La prise de conscience visuelle des formes qui ressort de ces exemples va renforcer notre curiosité. Nous pouvons dresser les significations générales, véhiculées en Europe, des onze lignes et/ou formes largement utilisées. Il faut noter que, comme pour les couleurs, nos expériences individuelles et nos liens culturels peuvent « modifier » de manière sensible la perception du sens que chaque forme va avoir pour chacun d'entre nous.

| **Lignes et Formes** | **Signification** | **Contexte négatif** |
|---|---|---|
| **La ligne droite horizontale** | La confiance, le calme, la tranquillité, la terre, l'horizon, la stabilité | La platitude, l'ennui, l'immobilisme |
| **La ligne droite verticale** | L'esprit de Dieu, la verticalité, la force, la régularité, le lien entre les humains et la spiritualité, la rigueur, la détermination, la force, l'équilibre, le courage, l'aide, le soutien à la personne | La rigidité |
| **La ligne diagonale** | Du bas vers le haut: la progression, l'évolution, le changement de situation, le dynamisme, le mouvement, la croissance, l'ascension | Du haut vers le bas: la décroissance, le déclin, la chute |
| **La ligne courbe** | La fécondité, la douceur, la gaieté, la féminité, la plénitude | La mollesse |
| **La ligne brisée** | L'énergie, le bruit, le rythme, le tonus | L'agitation, la confusion, la violence, la sensation de dureté |
| **Le carré** | La création humaine, la structure, l'organisation, le sérieux | L'imperfection de l'homme et de la Terre, l'action non naturelle ni créative |
| **Le losange** | La vie, la transmission, la volonté de protéger, la fécondité, la féminité, les représentations magiques À l'horizontale: l'œil | Les pointes du losange: la violence |

| Lignes et Formes | Signification | Contexte négatif |
|---|---|---|
| **Le rectangle** | La construction humaine, la stabilité, le calme, le repos, la mer, l'horizon<br>**À la verticale :** le dynamisme, la spontanéité<br>**À l'horizontale :** la vision panoramique | **À la verticale :** l'orgueil<br>**À l'horizontale :** l'effet de lourdeur ou de froideur dû à sa monotonie, l'illustration statique |
| **Le triangle** | **Pointe vers le haut :** la puissance, la virilité, la stabilité, l'unité<br>**Pointe vers le bas :** la féminité, la fécondité, la naissance, la création de projet, la sainte Trinité | **Sur une pointe :** le danger, l'insécurité, l'instabilité |
| **Le cercle** | L'infini, l'universalité, l'unité, la perfection, l'éternité, le monde, la fécondité, la vie, l'élégance, le raffinement | L'enfermement |
| **Le rond** | L'infini, la divinité, l'harmonie, le naturel, la perfection, l'unité, l'alliance, le yin et le yang<br>**Le centre :** le point de départ, c'est-à-dire d'où l'on vient, ou le point d'arrivée, la stabilité, l'éternité<br>**La circonférence :** le mouvement, le changement<br>**Lié à des couleurs pastels :** la légèreté, la délicatesse, la douceur, l'amitié, la bienveillance | Aucun |

***Soyez à votre écoute !***

*Contemplez par exemple la forme et la couleur des plumes que vous allez coller sur le masque de carnaval que vous faites.*

*Examinez de très près la texture des cristaux de sel pour la réalisation d'une pâte à sel et appréciez leur brillance et leur irrégularité.*

*Observez la silhouette des fleurs qui vont orner votre balcon.*

*Regardez avec attention les lignes des dessins sur vos tissus imprimés.*

*Percevez la forme, la taille, l'aspect lisse des aiguilles à tricoter qui vous aident dans votre ouvrage.*

*Étudiez le galbe des perles choisies pour la confection de vos bijoux.*

*Constatez avec contentement la réalisation finale de votre création…*

## L'ouïe

Pour comprendre le fonctionnement de l'ouïe, décrivons l'anatomie de l'oreille. Elle est constituée de l'oreille externe avec le pavillon, du conduit auditif, de l'oreille moyenne (avec les osselets), de l'oreille interne avec la cochlée et enfin du nerf auditif. Quand un son arrive, il fait vibrer les osselets de l'oreille moyenne puis les vibrations parviennent à la cochlée. En forme de colimaçon, cet organe est recouvert de cils qui vibrent à leur tour et transmettent un signal nerveux au cerveau. Il s'agit du mécanisme global.

Lorsque nous sommes en situation créative, les bruits familiers des outils ou des gestes entrent dans notre espace…

***Soyez à votre écoute !***

*Percevez le ronronnement de la machine à coudre.*

*Écoutez l'eau couler de l'arrosoir pendant vos sessions de jardinage.*

*Discernez les sons que produit la paire de ciseaux sur les différentes matières.*

*Distinguez le frottement de votre pinceau sur la toile.*

Porter une attention particulière à tous ces sons nous permet de développer notre concentration et notre présence à notre ouvrage en mettant nos oreilles en éveil.

## Le goût

La perception du goût est intimement liée à nos cinq sens. La langue, ce corps charnu et mobile, nous permet de parler, de déglutir mais aussi de ressentir le goût grâce aux papilles. Les aliments mélangés dans la salive pénètrent dans ces papilles et stimulent les terminaisons nerveuses. Le cerveau s'appuie sur tous les sens pour assembler une « image de saveur » complexe ancrée dans la mémoire. Les scientifiques ont nommé ce phénomène la « flaveur ». L'usage ordinaire des termes « goût » et « odeur » implique également un autre facteur essentiel : la perception de chaque individu.

Le goût est très personnel et souvent associé à notre propre histoire. Dans notre vie intra-utérine, nous recevons les aliments contenus dans le sang de notre mère via le cordon ombilical. C'est le premier contact avec le goût des aliments. L'apprentissage du goût commence dès la plus jeune enfance, avec la diversification de la nourriture. Puis en grandissant, nous goûtons, nous sentons, nous expérimentons les saveurs... Tout ceci est essentiel afin de développer notre mémoire gustative, car toutes ces saveurs s'impriment dans notre cerveau sous la forme d'images sensorielles.

### *Soyez à votre écoute !*

*Lorsque vous cuisinez, à chaque étape vous ne cessez de goûter pour évaluer le salé ou le degré de cuisson par exemple.*

*Mettez-vous en mode explorateur afin de capter toutes vos sensations buccales et gustatives mises en éveil.*

*Percevez le croquant sous vos dents des légumes juste cuits.*

*Prenez le temps de savourer le jus du fruit écrasé par votre mâchoire qui se répand dans la gorge.*

*Amusez-vous à grignoter avec vos incisives les quelques grains de sésame restés dans votre bouche et appréciez-en la saveur.*

*Retrouvez la douceur et la finesse de la confiture que vous palpez avec votre langue.*

*Saisissez la combinaison de l'amertume et du sucré du zeste de pamplemousse…*

Porter attention à tous ces goûts et à ces sensations est une façon de se connecter aux souvenirs positifs de notre passé et de développer notre curiosité, de nous ouvrir à de nouvelles expériences gustatives.

## L'odorat

C'est bien sûr grâce au nez que nous sentons. L'air inspiré apporte avec lui toutes les odeurs qui nous entourent. Ces odeurs sont en fait des molécules qui vont aller au fond du nez, dans les fosses nasales. À l'intérieur de celles-ci, des récepteurs captent l'odeur et transmettent l'information au cerveau via le nerf olfactif.

Nous nous créons des images mentales des odeurs… Nos souvenirs olfactifs nous replongent dans notre petite enfance en un instant. Le petit pot de colle et son odeur d'amande sont pour toujours inscrits dans les mémoires enfantines.

**Soyez à votre écoute !**

*Ouvrez-vous à vos sensations olfactives lorsque vous cuisinez.*

*Soyez sensible aux odeurs qui se dégagent et envahissent la cuisine, profitez de ces occasions pour renforcer ces sensations et vous reconnecter à vos souvenirs d'enfance.*

*Prenez le temps de renifler profondément les épices que vous utilisez pour vous remémorer une expérience d'un voyage lointain que vous avez réalisé.*

*Respirez en conscience les herbes aromatiques que vous plantez et imaginez dans quel plat vous allez les utiliser.*

Porter attention à toutes ces odeurs, c'est comprendre l'une des sources de notre rapport intime avec le monde.

## Le toucher

Le toucher nous renseigne sur les corps solides, les matières et même les fluides comme l'air et l'eau. C'est grâce à la peau, à la pulpe des doigts ou à toute la surface de la paume de la main que nous avons les informations sur la texture, la température ou encore la consistance. Nous apprécions les objets choisis dans nos créations pour leur forme, leur couleur... mais aussi pour les sensations tactiles qu'ils procurent, de manière inconsciente ou non.

Lorsque nous sommes en situation de créer, nous mettons à l'épreuve nos facultés kinesthésiques. Que nos yeux soient ouverts ou fermés, nos perceptions sont fortement influencées par notre perception tactile.

***Soyez à votre écoute !***

*Connectez-vous à la qualité des matières !*

*Sentez sous vos doigts la douceur du tissu.*

*Enfoncez vos doigts dans la laine voluptueuse.*

*Prenez la pelote de laine et collez-la sur votre cou comme si vous vouliez vous faire une caresse.*

*Palpez le granulé des matières et appréciez le soyeux de l'étoffe.*

*Faites rouler les perles sous vos doigts et tripotez leurs rondeurs.*

*Ressentez l'aspérité du carreau de mosaïque.*

*Malaxez la terre ou pétrissez la pâte.*

*Ressentez la chaleur ou la fraîcheur de l'eau sous vos mains avant d'arroser vos plantations.*

Toutes ces expériences sont un moyen d'établir une relation affective, une sorte de connivence, avec les matières que nous sommes amenés à travailler.

## Tous les sens en éveil

Cet éveil sensoriel procuré par tous les sens a pour effet de développer l'intuition en permettant de prendre du recul et de penser autrement en se rafraîchissant les idées, tout en s'éloignant considérablement de nos logiques répétitives. Toutes ces sensations agréables et redécouvertes, puisqu'en conscience, vont augmenter le plaisir à se mettre en activité créative.

L'utilisation de nos sens est essentielle à la régulation de la respiration, et à la réduction de la tension musculaire donc à la relaxation. En nous concentrant dessus, nous activons certaines zones du cerveau et cela a pour action immédiate de nous couper de pensées envahissantes et perturbatrices.

# Mise en situation

# Le lâcher-prise

## Qu'est-ce que le lâcher-prise ?

Nous avons souvent un schéma protectionniste qui consiste à imaginer la réalité telle que nous l'avons prévue ou imaginée. Ce schéma est un moyen naturel et complètement classique de chasser nos peurs et nos angoisses. Nous croyons ainsi nous protéger de ce qui va arriver et ainsi ne pas souffrir ni être exposé.

Le lâcher-prise est le cheminement par lequel on accepte et on s'adapte aux changements en ayant la capacité de voir la réalité telle qu'elle est sans se laisser dominer par une réalité imaginaire.

Prendre de la distance avec ce qui nous fait mal et nous tourmente nous permet d'avancer. Il est nécessaire d'accepter de nous détacher du regard d'autrui afin de manifester et véhiculer qui on est.

## Pourquoi l'atteindre ?

Il est nécessaire de garder toute notre énergie pour agir, plutôt que de la gaspiller. En renonçant à contrôler l'avenir, nous obtenons souvent de meilleurs résultats ici et maintenant. Lâcher prise sur une rancœur, une peur, une émotion négative revient souvent à détourner son regard de la difficulté… sans pour autant la fuir.

Les moments de lâcher-prise favorisent aussi nos actions et la mise en œuvre de nos projets parce qu'ils nous permettent de prendre du recul, d'affiner et d'enrichir notre point de vue sur une problématique et de rassembler nos forces pour nous ajuster dans notre mode d'action.

## Comment l'atteindre ?

Lâcher prise ne signifie pas sombrer dans la passivité, bien au contraire, c'est voir les problèmes qui se posent à nous tels qu'ils sont, c'est faire le bilan de ce qu'on ne pourra pas modifier et qu'il faut donc accepter, et de ce sur quoi il est possible d'agir.

La respiration est un outil formidable pour lâcher prise !

**Soyez à votre écoute !**

*N'avez-vous jamais remarqué comme une profonde respiration suivie d'un grand soupir peut vous soulager quand une situation stressante est achevée ?*

*Centrez-vous sur votre respiration quand l'obsession du problème réapparaît : imaginez qu'à chaque expiration, vous repoussez votre colère, votre tristesse, vos sentiments négatifs ; et qu'à chaque inspiration vous inhalez la confiance, la joie, la gratitude. Pratiquez la respiration abdominale (voir page 23), elle vous apportera une sensation immédiate d'apaisement et de bien-être.*

# La pleine conscience

## Une philosophie de vie

La pleine conscience ou *mindfulness* permet de nous vivre au présent, de centrer notre attention sur tout ce que nous sommes, sur ce que nous ressentons à l'intérieur de nous, comme les pensées, les émotions, les actions, les motivations ou ce qui est à l'extérieur comme le monde environnant, les bruits, les objets, les événements. Lorsque nous pratiquons la pleine conscience, nous ne voyons pas notre vie à travers des filtres, les 76 000 pensées que nous avons tous les jours, mais nous voyons la réalité telle qu'elle est. Nous sommes totalement à notre écoute et ouverts à nos ressentis, sans être dans le jugement. Nous accueillons ce qui arrive.

Par exemple, la personne qui pratique le tricot, en exerçant des gestes répétitifs, va se vider la tête mais ne sera pas à l'abri d'idées parasites qui pourraient même devenir obsessionnelles... alors qu'en se mettant à penser à sa posture, à sa respiration, à la dextérité de ses gestes, si elle prend le temps de ressentir la laine sous ses doigts, d'en apprécier sa qualité, de redécouvrir la couleur de son ouvrage, de percevoir l'odeur de sa pelote, d'écouter le bruit des aiguilles, elle approfondira sa concentration tout en augmentant la perception de sa propre présence et en se libérant de ses pensées intrusives avec pour conséquence bénéfique la diminution de son stress.

## Pourquoi l'atteindre ?

Pratiquer la pleine conscience, c'est changer totalement son rapport aux personnes, aux choses, à son environnement. Vous apprendrez à vous sentir à votre place dans votre monde personnel et dans votre environnement et à être présent. Vous aurez également davantage de facilité à vous concentrer de manière plus intense et à être plus lucide parce que vous serez dégagé des entraves et des biais du jugement. C'est en vous focalisant sur votre pleine conscience que vous obtiendrez une paix intérieure profonde, car vous retournerez à vous-même, à vos sources.

En vous concentrant sur les plus simples des gestes, sur les idées apparemment les plus légères, sur chaque aspect de votre quotidien, vous en dégagerez des rapports parfois complexes, vous en tirerez des idées nouvelles. Vous retrouverez une sorte d'émerveillement innocent face à des gestes plaisants auxquels vous vous étiez habitué, à la beauté desquels vous êtes presque immunisé.

Votre corps aussi profitera de la méditation en pleine conscience. En vous concentrant sur les sensations les plus ténues, sur les gestes les plus infimes, sur les mouvements musculaires les plus fins, vous apprendrez à vous détendre. Les crispations deviendront en effet des anomalies et ne seront plus votre état normal, celui que l'accumulation du stress a fini par causer. Toute votre attitude respirera le calme et inspirera la relaxation. Vous apprendrez à bouger plus finement, parce que vous aurez pris conscience qu'un geste précis est souvent suffisant là où vous en faisiez de très larges.

Faire les choses en y pensant, au moment où nous les faisons, en utilisant tous nos sens amène une présence accrue à l'activité et réduit le stress tout en développant la concentration et la mémorisation.

## Comment l'atteindre ?

Mettez-vous dans un endroit calme, concentrez-vous sur votre respiration et ouvrez votre conscience. Pour cela, gardez les yeux ouverts et observez tout ce qu'il se passe autour de vous ou fermez les yeux pour vous isoler du monde extérieur et faites-y attention avec tous vos sens.

Nos sens nous permettent d'être en connexion entre ce qui existe entre nous et ce qui est à l'extérieur de nous. Ils sont une fenêtre sur le monde et nous permettent de rentrer en relation, de se sentir confortable ou inconfortable. Mais s'ils sont souvent surchargés alors nous passons à côté de pensées, de sensations et d'émotions qui pourraient être susceptibles de nous plonger dans un état de calme et de bien-être. En faisant une pause pour sentir, goûter ou regarder, nous entrons dans un état de pleine conscience.

**Soyez à votre écoute !**

*Lorsque vous êtes en train de créer, revenez à vous le plus souvent possible, respirez, écoutez les sons que produisent vos outils, sentez les parfums, touchez les matières, goûtez les ingrédients et laissez exploser les bouquets de saveurs dans votre bouche.*

*Essayez de ne faire qu'une chose à la fois, abstenez-vous de téléphoner ou de regarder la télévision et pensez à ce que vous êtes en train de faire.*

*Prenez le temps de capter de façon sensorielle tout ce qu'il se passe en vous et autour de vous.*

*Éprouvez de la gratitude et de l'émerveillement à chacun de vos gestes.*

*Accueillez ce qui est là, soyez dans votre présence.*

## L'ancrage : une étape essentielle pour l'atteindre

Qu'est-ce l'ancrage ? Pourquoi est-il nécessaire d'avoir les pieds ancrés dans le sol pour faire les exercices ?

L'ancrage est le fait de prendre la Terre comme point de repère pour réguler l'énergie de son corps et pour installer sa conscience dans le moment présent. C'est aussi sortir de ses pensées et prendre conscience de son corps dans son intégralité. Pour s'ancrer, c'est comme si on sortait sa conscience de sa tête et qu'on l'installait dans ses pieds. C'est sortir du monde des rêves, des pensées, de l'imaginaire, du spirituel… et revenir dans le monde terrestre, réel, corporel, le monde de la matière. C'est être pleinement là.

C'est donc accepter totalement son corps tel qu'il est et en prendre soin.

Pour bien comprendre ce concept, on peut partir d'un des synonymes du verbe « s'ancrer » qui est « s'enraciner ». C'est dire combien le sol est au cœur de l'ancrage, et le sol c'est le réel, l'ici et maintenant.

*Carpe diem*, telle doit être la devise du créatif. En vivant dans le présent, l'esprit est plus libre, plus spontané et donc plus à même de laisser cours aux idées créatives. Cela ne veut pas dire ne pas réfléchir mais de faire intervenir la réflexion dans un second temps pour ne pas nuire à la création. Alors que l'autocritique, le jugement, la distractibilité, la peur de l'échec sont autant de freins à la créativité. En se remettant dans le présent, le potentiel créatif est libéré.

## Les moyens pour parvenir à l'ancrage

Pratiquez des visualisations en fermant les yeux, imaginez des racines qui partent de vous-même pour vous emmener dans la Terre.

Connectez-vous à vos sens et concentrez-vous sur tout ce qui se passe autour de vous et en vous à l'instant présent.

Répétez des phrases qui provoquent l'ancrage. Par exemple « Dès maintenant, je suis solidement ancré ! Je suis lourdement attaché au sol ! »

Utilisez certaines méthodes qui vous permettent de développer votre ancrage naturellement : promenez-vous dans la nature, dans le sable, marchez pieds nus, adossez-vous à un arbre, courez, buvez, mangez sans excès, faites du sport, créez et pratiquez la marche en pleine conscience.

## La marche en pleine conscience

**L'objectif ?** Ressentir l'ancrage de son corps à chaque pas.
**Quand ?** À chaque sensation de doutes.
**Comment ?** À pratiquer en position debout.
**Combien de temps ?** 5 minutes.

★ Je me tiens debout.
★ Mes pieds sont parallèles, écartés de la largeur du bassin, les bras pendant de part et d'autre du corps.
★ Je regarde devant moi.
★ Je respire lentement.
★ Je me focalise sur mes plantes de pieds et la manière dont mon poids se répartit sur mes deux jambes.
★ Je fais quelques mouvements légers de flexion des genoux pour vérifier mon ancrage dans le sol.
★ Je déporte mon poids sur la jambe droite.
★ Je prends conscience que mon équilibre se modifie.
★ Je soulève le talon de la jambe gauche.
★ J'observe tous mes muscles qui se mettent en mouvement.
★ La plante du pied gauche quitte le sol, puis mon pied se soulève, ma jambe se lève vers l'avant (comme si je commençais à marcher).
★ Je repose le talon au sol, puis la plante du pied.
★ Je reporte le poids du corps sur la jambe gauche.
★ Je remarque tous mes muscles en mouvement, dans le bas du dos, dans les cuisses, les jambes…
★ Je transfère tout le poids du corps sur ma jambe gauche.
★ Je laisse le pied droit se lever.
★ Je le déplace lentement en avant.
★ Je porte mon attention sur les changements de sensations physiques dans le pied et la jambe.

★ Je me déplace ainsi tout doucement en détaillant bien le processus de la marche.
★ Je suis particulièrement attentif aux sensations générées dans les plantes de mes pieds et dans mes talons quand ils reprennent contact avec le sol.
★ Je me concentre aussi sur les muscles des jambes quand celles-ci se dirigent vers l'avant.
★ Je poursuis mon parcours en faisant 4 ou 5 pas puis je change de direction.
★ Je me remets dans l'instant présent à chaque changement de direction.
★ J'utilise ces sensations, particulièrement celles des pieds au contact du sol, comme un ancrage pour renouer avec le moment présent.

*J'ai ressenti...*

..............................................................................................................

..............................................................................................................

..............................................................................................................

..............................................................................................................

..............................................................................................................

..............................................................................................................

..............................................................................................................

..............................................................................................................

..............................................................................................................

# La visualisation

## Qu'est-ce que la visualisation ?

À partir du moment où nous pensons, nous sommes déjà en train de visualiser. Nous avons naturellement la capacité mentale de nous représenter un objet ou une situation. La visualisation est une pratique quotidienne qui fait appel à notre imagination et à notre intuition. Il existe deux types de visualisation : la **réaliste** et la **symbolique**.

**La visualisation réaliste** suggère des images concrètes d'une situation émanant généralement de notre quotidien. Cette scène visualisée peut inclure des gens (connus ou inconnus), des lieux, des ambiances, des sensations, des saveurs, des odeurs, ou toute référence mentale qui nous aide dans notre processus. Ces images sont extraites de notre expérience réelle.

**La visualisation symbolique** recourt aux symboles et aux archétypes. C'est notre capacité à imaginer aussi bien des lieux, des situations, des personnes : s'imaginer enveloppé de lumière, rencontrer un mentor, contempler un paysage qui nous est raconté pour nous…

La visualisation ne se limite pas à l'aspect visuel (réaliste et symbolique) de vos expériences, elle va mettre en œuvre tous nos sens : le visuel, l'auditif, le kinesthésique, l'olfactif et le gustatif, que l'on résume sous l'acronyme **VAKOG**.

Le cerveau ne fait pas la différence entre le virtuel et la réalité. Imaginez que vous goûtez un zeste de citron, vous ressentirez physiquement l'acidité de ce fruit, sans même l'avoir mis en bouche.

Il suffit que vous visualisiez un événement tragique pour avoir les larmes aux yeux. À ce titre, si vous vous visualisez en réussite, en train d'avoir du plaisir ou rempli de satisfaction, vous allez actionner dans votre corps des hormones de bien-être... L'exercice de la visualisation positive vous préparera aux situations créatrices, activera la confiance en vous-même, et grâce à lui, vous resterez motivé sur le long terme et appréhenderez votre création avec davantage de détente et de plaisir, tout en dépassant vos peurs...

Nous pouvons pratiquer la visualisation pour créer n'importe quoi, que cela soit extérieur ou lié à son propre soi. Par des visualisations, nous nous attribuons des vertus ou des biens que nous ne possédons pas encore pour créer le chemin qui mènera vers le futur « soi ». Nous ouvrons les potentiels de notre esprit, les rendant possibles. Nous imaginerons un produit nouveau et nous le concevrons en détail avant de déterminer de quelle manière il pourra être fabriqué physiquement. La visualisation est un outil très puissant et efficace qui permet d'accéder à ses ressources intérieures et d'accroître son inventivité.

La visualisation a un impact indéniable sur la mémoire, la concentration et le bien-être émotionnel. Pratiquée régulièrement, elle réduit le stress et l'anxiété, améliore la clarté d'esprit et libère ainsi une plus grande créativité.

Nous pratiquons la visualisation pour prendre conscience de l'énergie positive que nous donnent nos valeurs indispensables à l'activité créative.

## Se préparer à la visualisation

Si la visualisation est une capacité naturelle, nous pouvons néanmoins la développer avec des méthodes spécifiques (relaxation, auto hypnose, méditation...) afin de développer notre capacité à nous imaginer, à anticiper.

La base de ces exercices est le « scan rapide du corps », à effectuer en premier pour vous mettre en condition et faire un travail plus précis sur le reste du corps ensuite. Vous pouvez faire l'ensemble des exercices suivants ou vous concentrer sur une partie du corps en fonction de vos besoins du moment. Suite à ce travail, vous ressentirez un sentiment de bien-être.

Quel que soit l'exercice que vous choisirez, commencez par vous installer confortablement sur une chaise, bien calé, puis recherchez le calme et la détente loin des aléas extérieurs. Chaque exercice sera bénéfique si vous gardez l'abdomen et les fessiers relâchés et si vous maintenez la bouche ouverte. Lisez à voix haute la méthode dans son ensemble, relisez-la en vous enregistrant avec votre téléphone ou en écoutant le texte lu que vous aurez préalablement téléchargé grâce au QR Code. Cela vous permettra de vous mettre en situation comme si vous aviez un guide en face de vous.

À la fin de chaque exercice, notez votre ressenti. C'est une étape importante, car vous verrez qu'au fil des jours, même en faisant le même exercice, vos ressentis seront bien différents les uns des autres. Ce qui est tout à fait normal car les dispositions dans lesquelles vous avez été à ce moment précis auront une influence sur vos ressentis. Avec la répétition des exercices, votre corps et votre cerveau vont s'habituer à la pratique, vous allez très rapidement assister à l'évolution et au renforcement de vos sentiments positifs.

Il est probable que pendant vos exercices vous bâilliez. Pas de panique ! Les bâillements n'indiquent pas seulement la fatigue ou ne sont pas, ici, les prémices de l'endormissement mais les signes d'une détente corporelle intense et d'un lâcher-prise. Se concentrer sur sa respiration et adopter la respiration abdominale permettent d'atteindre les bâillements et d'être prêt pour la création.

Lorsque nous nous préparons à l'acte créatif, notre capacité à visualiser va nous permettre de nous représenter tous les éléments de l'activité. Nous allons pouvoir rassembler le matériel et les outils. Il est bon de détailler la situation sur quatre niveaux : ce que nous percevons, ce que nous ressentons, ce que nous pensons et ce que nous faisons. Cette visualisation va être indispensable pour élaborer tout le processus de création et anticiper les actions successives jusqu'à l'aboutissement final de notre ouvrage.

## Entrer en visualisation

**JE ME PRÉPARE À LA VISUALISATION EN DÉCONTRACTANT ET EN PRENANT CONSCIENCE DE MON CORPS.**

### Scan rapide du corps

**L'objectif ?** Reprendre possession de son corps et de sa respiration afin de se remettre dans un axe où la tête et le corps sont bien alignés. Le but est de calmer les émotions qui pourraient être stressantes, provoquées par la fatigue de la journée par exemple, et apporter un confort corporel et mental propice à la créativité.
**Quand ?** À répéter plusieurs fois dans la journée, dès que le besoin s'en fait sentir.
**Comment ?** En position assise.
**Combien de temps ?** 3 minutes.

- ★ Je m'assois tranquillement à ma table de travail. Je prends conscience de mes pieds au sol. Si je suis trop petit, je trouve une boîte à chaussures et je pose mes pieds dessus. Je suis connecté au sol.
- ★ Je pose une main sur mon abdomen et je prends une grande inspiration par le nez en veillant à gonfler mon abdomen. J'expire lentement par la bouche comme si je soufflais à travers une paille. Ma main suit le mouvement de mon abdomen qui s'abaisse. Je respire en conscience et je prends conscience de ma respiration plusieurs fois.
- ★ Je prends conscience de ma tête où chaque muscle est détendu. Mon front, ma mâchoire, ma bouche entrouverte.
- ★ Je pose mon attention sur mes épaules abaissées, ma nuque, mon cou et mes épaules sans crispation.
- ★ Je vérifie que mon thorax est relâché.
- ★ J'approfondis la détente de mes bras et de mes mains.
- ★ Je relâche davantage mon abdomen. Mon dos est bien calé sur mon siège.
- ★ Je prends conscience que ma respiration est bien ralentie.
- ★ Je relâche tout le bas de mon corps, de mon bas-ventre jusqu'à mes orteils.
- ★ Je prends conscience de mes bâillements.

*J'ai ressenti...*

.......................................................................

.......................................................................

.......................................................................

.......................................................................

.......................................................................

.......................................................................

.......................................................................

## Assouplissement des poignets

**L'objectif ?** Se préparer à rentrer dans l'activité en se focalisant sur ses poignets et sa respiration.
**Quand ?** Cette technique peut se pratiquer avant de se mettre au travail ou au cours de l'ouvrage, au moment de faire une petite pause pour se relâcher, à chaque fois que l'envie s'en fait ressentir.
**Comment ?** En position assise ou debout devant sa table de travail.
**Combien de temps ?** 3 minutes.

★ Je joins les 2 mains et je forme des crochets avec mes doigts.
★ Je regarde mes poings et mes mains unis.
★ Je respire en ouvrant la bouche.
★ Je garde la bouche ouverte.
★ Je détends mon abdomen.
★ Je relâche mes fessiers.
★ Je fais quelques mouvements de rotations des poignets, dans le sens des aiguilles d'une montre puis en sens inverse. Je répète les mouvements 5 fois dans chaque sens.
★ Je synchronise mes mouvements avec ma respiration.

*J'ai ressenti...*
........................................................................................
........................................................................................
........................................................................................
........................................................................................

## Travail des membres supérieurs

**L'objectif?** Libérer les tensions afin d'appréhender l'acte créatif le plus sereinement possible.
**Quand?** Avant l'acte créatif.
**Comment?** En position debout ou assise.
**Combien de temps?** 2 minutes.

★ Je détends mon abdomen.
★ Je relâche mes fessiers.
★ Je garde la bouche ouverte.
★ Je me frotte les mains en me les caressant.
★ Je me masse les poignets et les avant-bras jusqu'aux coudes.
★ Je prends conscience de la douceur de mes paumes et de la différence de toucher avec le dessus des mains.
★ Je synchronise mes mouvements avec ma respiration.

*J'ai ressenti...*

............................................................
............................................................
............................................................
............................................................
............................................................
............................................................
............................................................
............................................................

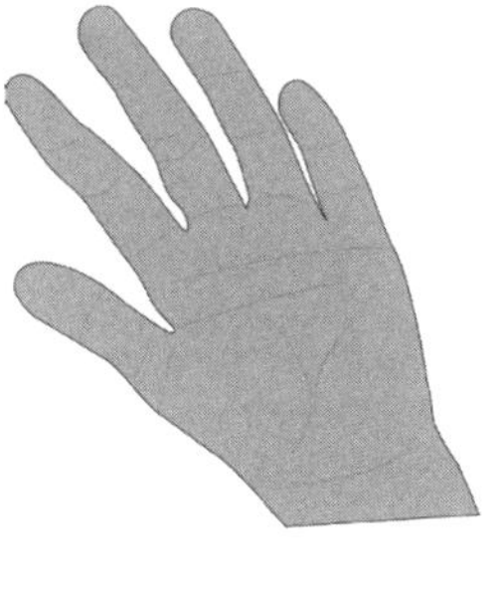

## Relaxation de la tête, de la nuque et des épaules

**L'objectif ?** Reprendre possession de son corps grâce à l'automassage. Saisir tous les contours et toutes les formes de son corps, entendre toutes les résonnances que produisent les contacts ou les percussions des mains, des doigts ou des poings afin de renforcer la présence que chacun possède de son schéma corporel, de développer l'estime de soi et de faire naître des sentiments positifs sur soi.
**Quand ?** Avant de se mettre à sa table de travail.
**Comment ?** Fermer les yeux pendant ces pratiques va permettre de s'isoler du monde extérieur et de rester concentré sur son corps et ses propres ressentis.
**Combien de temps ?** 3 minutes.

## Automassage de la tête

**L'objectif ?** Prendre conscience de sa tête et de sa forme et se remettre les idées en place avant de commencer à créer.

- ★ Je ferme les yeux.
- ★ Je détends mon abdomen.
- ★ Je relâche mes fessiers.
- ★ Je garde la bouche ouverte.
- ★ Je passe mes doigts, mes mains et mes avant-bras sur mon crâne en croisant les bras.
- ★ Je procède à des petits massages circulaires de mon cuir chevelu en remontant de ma nuque jusqu'au front avec mes doigts, puis avec mes paumes.
- ★ Je me masse les tempes en prenant conscience des sons que fait le frottement de mes doigts sur mes cheveux.
- ★ J'inspire profondément par le nez.
- ★ J'expire par la bouche.
- ★ Je répète l'exercice 3 fois.

*J'ai ressenti...*

..........................................................................................

..........................................................................................

..........................................................................................

..........................................................................................

## Automassage du visage

**L'objectif ?** Réveiller ses muscles et en apprécier les contours pour ouvrir un sas de relaxation avant l'acte créatif.

★ Je ferme les yeux.
★ Je détends mon abdomen.
★ Je relâche mes fessiers.
★ Je garde la bouche ouverte.
★ Je respire tranquillement.
★ J'imagine que j'ai de petits marteaux au bout de mes doigts.
★ Je tapote mon front avec mes 10 doigts de façon agréable.
★ J'entends les sons que font mes doigts dans ce mouvement.
★ Je prends conscience des parties molles ou dures de mon visage.
★ Je descends sur mes joues.
★ J'atteins l'arête de mon nez.
★ Je continue à tapoter mes narines.
★ Je perçois l'odeur de mes mains.
★ Je perçois l'air frais qui entre dans mes narines et l'air chaud qui en ressort.
★ Je passe par mes oreilles et je perçois la résonnance de mes doigts.
★ Je continue à tapoter tous les muscles autour de ma bouche.
★ Je prends conscience de l'air qui passe par ma bouche.
★ Je descends sur mon menton et j'apprécie sa forme et la présence de ma mâchoire.
★ Je refais ce processus dans le sens inverse en remontant vers mon front.

*J'ai ressenti…*

........................................................................................................

........................................................................................................

### Automassage de la nuque et des épaules

**L'objectif ?** Prendre conscience de sa nuque qui soutient la tête constamment, minimiser les tensions que nous pouvons ressentir à ce niveau et éliminer les tiraillements musculaires au niveau des trapèzes qui peuvent apparaître avec le stress ou les contrariétés.

★ Je ferme les yeux.
★ Je détends mon abdomen.
★ Je relâche mes fessiers.
★ Je garde la bouche ouverte.
★ Je me frotte les mains avec intensité pour créer de la chaleur.
★ J'appose mes paumes de part et d'autre de ma nuque.
★ Je prends une grande inspiration.
★ Je prends conscience de l'énergie que je diffuse dans ma nuque.
★ J'expire doucement.
★ Je fais une légère pression de mes doigts sur ma nuque en remontant de mes épaules vers ma tête puis dans le sens inverse.
★ Je me frotte les mains avec intensité pour créer de la chaleur.
★ Je croise mes bras devant mon buste.
★ Je masse mes épaules avec mes mains en faisant des rotations.
★ J'inspire profondément par le nez.
★ J'expire par la bouche.

*J'ai ressenti...*

.................................................................................................

.................................................................................................

.................................................................................................

## Amélioration de l'équilibre et de l'axe du corps

**L'objectif ?** Retrouver une harmonie entre le mental et le corps. Reprendre possession de son corps et accroître sa concentration.
**Quand ?** Dès que le besoin de recharger les batteries se fait sentir.
**Comment ?** Fermer les yeux pendant ces pratiques va permettre de s'isoler du monde extérieur et rester concentré sur son corps et ses propres ressentis. S'ancrer dans le sol afin de prendre conscience de sa posture et de la présence à soi-même.
**Combien de temps ?** 3 minutes.

★ Je me mets debout (en chaussures ou pieds nus).
★ Je prends conscience de mes pieds au sol.
★ J'appuie mes pieds dans mes chaussures (ou sur le sol).
★ Je perçois chaque partie de mes pieds, mes talons, mes plantes de pieds, mes orteils.
★ Je fais quelques bascules sur la droite, la gauche, devant, derrière, sans décoller mes pieds du sol.
★ J'imagine que j'ai des semelles de plomb accrochées à mes pieds.
★ Je fixe avec mon regard un point loin devant, en redressant la tête.
★ J'imagine qu'on me tire un cheveu du sommet du crâne vers le plafond.
★ J'abaisse mes épaules.
★ Je prends conscience de mon axe, avec ma tête et mon corps alignés.

- Je prends conscience de ma présence à moi-même, ici et maintenant.
- J'inspire profondément par le nez.
- J'expire tout doucement comme si je soufflais à travers une paille.
- J'accueille mes sensations positives de me sentir vivant.

*J'ai ressenti...*

..................................................................
..................................................................
..................................................................
..................................................................
..................................................................
..................................................................
..................................................................
..................................................................
..................................................................
..................................................................
..................................................................
..................................................................
..................................................................
..................................................................
..................................................................
..................................................................

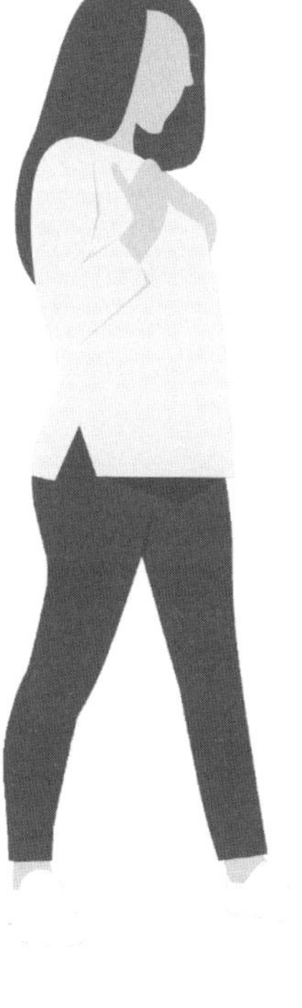

## Recherche de la verticalité

**L'objectif ?** Prendre conscience de sa verticalité pour laisser faire la créativité.
**Quand ?** À chaque moment de stress.
**Comment ?** À pratiquer en position debout.
**Combien de temps ?** 3 minutes.

★ Je me place debout, les pieds écartés de la largeur du bassin, les bras le long du corps, souples et détendus.
★ Je ferme les yeux.
★ Je prends conscience de la sensation du contact de mes plantes de pieds avec le sol.
★ Je sens mes pieds collés, comme soudés au sol.
★ Pour détendre mes jambes, je repousse fortement mes genoux vers l'arrière, puis je lâche brusquement.
★ Je fais ce mouvement 3 fois de suite.
★ J'exécute un léger balancement de gauche à droite puis de droite à gauche.
★ Je déplace le poids de mon corps d'une jambe sur l'autre sans décoller les pieds du sol.
★ Je sens la pression du poids se déplacer d'une jambe sur l'autre.
★ Je fais ce mouvement plusieurs fois de suite.
★ Je répartis à présent le poids de mon corps sur les 2 jambes de façon à ressentir la même pression, le même poids sur les 2 pieds.
★ J'effectue des balancements lents et légers d'avant en arrière, sans décoller les talons ni les orteils.
★ Je répartis le poids de mon corps sur l'avant et l'arrière de mes pieds de façon égale.

★ Je sens la même pression sous chaque pied.
★ Tranquillement, je redresse ma colonne vertébrale vers le haut.
★ Je place alors ma tête juste dans le prolongement de la colonne vertébrale, de telle façon qu'elle tienne sur mes épaules avec un minimum d'effort.
★ Je laisse mes épaules se relâcher comme si elles étaient attirées par le sol.
★ Je respire calmement, sans effort.
★ J'imagine à présent qu'une ligne passe par le sommet de mon crâne, qu'elle descend le long de ma colonne vertébrale et qu'elle vient se terminer juste entre mes 2 pieds.
★ Cette ligne, c'est ma verticalité.
★ Je respire de plus en plus profondément.
★ Je m'étire et j'ouvre les yeux.

## Conseil

*Je conserve dans mes jambes juste la tension nécessaire pour tenir debout, c'est-à-dire le minimum de tension. Pour étirer ma colonne vertébrale, j'imagine qu'un cheveu du sommet de mon crâne est tiré vers le haut et qu'à l'opposé de mon corps, mes pieds sont soudés au sol.*

## J'ai ressenti…

..........................................................................................

..........................................................................................

..........................................................................................

..........................................................................................

## Relâchement des tensions : le plongeon

**L'objectif ?** Relâcher les tensions.
**Quand ?** À chaque sensation d'oppression.
**Comment ?** À pratiquer en position debout.
**Combien de temps ?** 5 minutes.

★ Je me place en position debout.
★ Je mets une jambe devant l'autre.
★ Je fléchis légèrement les genoux.
★ Mes jambes sont souples, sans raideur.
★ Je me penche en avant, comme si j'allais plonger.
★ Je plie la tête, j'accompagne mes épaules, mon buste et mes bras vers l'avant.
★ Je relâche mon buste, ma tête et mes bras.
★ Je veille à bien relâcher la tête.
★ En inspirant par le nez, je relève lentement le buste en laissant mes bras mous et en gardant mon menton sur mon sternum.
★ Je replace mon buste à la verticale.
★ Je relève ma tête en dernier en la replaçant dans mon axe de verticalité.
★ Au moment d'expirer, je laisse retomber le buste et la tête en avant, comme si je plongeais à nouveau.
★ Je laisse mes bras pendre le long de mon corps sans m'en préoccuper.

- Lorsque j'éprouve le besoin d'inspirer à nouveau, je relève doucement le buste et la tête jusqu'à la verticale.
- Je laisse sortir mon souffle par la bouche sans le forcer.
- Mon air sort aussi librement que je laisse tomber la partie supérieure du corps, sans poussée, sans retenue.
- Je recommence 3 fois.
- Je me relève doucement.
- Je garde le menton sur le sternum.
- Je garde les yeux fermés quelques instants.
- Je prends le temps de ressentir mon corps.
- J'ouvre les yeux.

### Conseil

*Je relève le buste puis la tête en inspirant et je plonge en laissant sortir l'air.*

### J'ai ressenti…

..........................................................................................

..........................................................................................

..........................................................................................

..........................................................................................

..........................................................................................

..........................................................................................

..........................................................................................

## Relâchement des tensions : les étirements et le bâillement

**L'objectif ?** Désengourdir le corps.
**Quand ?** À chaque fois que le besoin s'en fait sentir.
**Comment ?** À pratiquer en position debout.
**Combien de temps ?** 5 minutes.

★ Je m'étire dans tous les sens.
★ Je baille aussi fort que je le peux.
★ Je me plie en avant, en arrière.
★ Je secoue une jambe, puis l'autre.
★ Je me grandis.
★ Je me fais tout petit.
★ J'étire ma colonne vertébrale.
★ Je l'arrondis.
★ Je me cambre légèrement.
★ Je place les mains derrière la tête et j'étire les coudes vers l'arrière.
★ J'imagine un chat qui s'étire et qui baille.
★ Je recommence ces actions 3 fois.

**Conseil**

*J'entrecoupe mes actions créatives par des bâillements. Je ressens une détente générale tout à fait stimulante pour la suite de mon ouvrage.*

**J'ai ressenti…**

.................................................................................................
.................................................................................................
.................................................................................................
.................................................................................................

## Relâchement des tensions : l'échelle

**L'objectif ?** Obtenir une détente générale du corps.
**Quand ?** À chaque fois que le besoin s'en fait sentir.
**Comment ?** À pratiquer en position debout.
**Combien de temps ?** 5 minutes.

★ Je me tiens debout.
★ J'écarte légèrement les pieds.
★ J'inspire en tendant les bras vers le plafond.
★ J'imagine que je vais grimper un à un les barreaux d'une échelle.
★ Je monte sur la pointe des pieds.
★ Je reste en apnée.
★ Je me grandis au maximum en n'hésitant pas à avancer légèrement.
★ Je m'étire le plus possible comme pour atteindre le plafond.
★ J'étire un bras et puis l'autre, et ainsi de suite.
★ Je regarde le plafond que je désire toucher avec mes doigts.
★ Puis, d'un seul coup, je me relâche complètement dans un grand soupir pour me retrouver accroupi et rebondi souplement sur les 2 jambes.
★ Je prends le temps de bien respirer avant de remonter en dépliant mon corps, la tête en dernier.
★ Je recommence 3 fois.

**Conseil**

*Cet étirement mobilise tout le corps, et provoque un relâchement et une détente générale.*

**J'ai ressenti…**

..........................................................................................

..........................................................................................

..........................................................................................

..........................................................................................

## Mettre ses sens en éveil par la visualisation

**L'objectif ?** Selon votre désir du moment, vous aurez envie de prendre conscience en particulier d'un ou deux de vos sens, alors vous pourrez pratiquer la visualisation de façon différenciée. Le but de cette expérience sensorielle ? Vous détendre afin de faciliter les connexions dans votre cerveau.

**Quand ?** Au moment où vous sentez que vous vous éloignez mentalement de votre activité et que vous souhaitez vous y replonger.

**Comment ?** À pratiquer au moins une fois dans son ensemble. Fermer les yeux pendant ces pratiques va permettre de s'isoler du monde extérieur et rester concentré sur son corps et ses propres ressentis. La répétition de cet exercice va vous rendre plus présent à votre corps et à vous-même, favorisant votre concentration, et le développement de votre sensibilité corporelle, votre sensorialité.

**Combien de temps ?** 10 minutes.

**Au préalable :**

- Je pratique le scan rapide du corps (voir page 66).
- Je me retrouve dans un état de confort et de sérénité.

## La vue

- ★ Je touche mes paupières, mes cils.
- ★ Je sens mes globes oculaires dans leurs orbites.
- ★ J'imagine la fonction de mes yeux dans mon corps.
- ★ Je pose mes doigts sur mes paupières et je les déplace doucement.
- ★ Je perçois la différence de couleurs et de luminosité.
- ★ Je repose mes mains sur mes cuisses.
- ★ J'imagine ma couleur préférée, la forme d'un objet que j'apprécie ou le paysage d'un lieu que j'affectionne particulièrement.
- ★ Je prends conscience de mes yeux et de ma capacité visuelle.

*J'ai ressenti...*

........................................................

........................................................

........................................................

........................................................

........................................................

........................................................

........................................................

........................................................

........................................................

........................................................

........................................................

........................................................

**L'ouïe**

- ★ Je perçois la forme de mes oreilles, les pavillons, les orifices des conduits auditifs, les lobes.
- ★ J'imagine la fonction de mes oreilles dans mon corps.
- ★ Je pose mes paumes de main sur mes oreilles et je varie l'intensité de la pression.
- ★ Je perçois la différence de bruit et des fréquences sonores.
- ★ Je repose mes mains sur mes cuisses.
- ★ J'imagine des sons agréables, le chant des oiseaux, le rire ou la voix de quelqu'un que j'aime ou des mélodies plaisantes.
- ★ Je prends conscience de mes oreilles et de mes capacités auditives.

*J'ai ressenti...*

......................................................................................................

......................................................................................................

......................................................................................................

......................................................................................................

......................................................................................................

......................................................................................................

**Le goût**

- ★ Je pose mes mains sur mes lèvres et sur les contours de ma bouche.
- ★ Je sens la présence de ma langue.
- ★ Je ressens ma salive.
- ★ Je passe ma langue sur mes dents pour en affirmer leur présence et leur forme.
- ★ Je repose mes mains sur mes cuisses et je prends conscience de toutes mes facultés gustatives.
- ★ J'imagine les fonctions de ma bouche dans mon corps.
- ★ Je perçois les différents goûts, salés, sucrés, amers ou acides.
- ★ J'imagine des saveurs de gourmandises de mon passé ou d'un plat délicieux que j'ai confectionné récemment…
- ★ Je prends conscience de ma bouche et de mes capacités gustatives.

*J'ai ressenti…*

..........................................................................................

..........................................................................................

..........................................................................................

..........................................................................................

..............................................

..............................................

..............................................

..............................................

..............................................

..............................................

..............................................

**L'odorat**

- ★ Je porte mon attention sur mon nez comme pour en découvrir sa forme.
- ★ Je perçois, avec mes doigts, la présence de mes narines.
- ★ Je ressens le trajet de l'air à l'intérieur de mes narines, sa fraîcheur à l'inspiration et sa tiédeur à l'expiration.
- ★ Je repose mes mains sur mes cuisses et je prends conscience de toutes mes facultés olfactives.
- ★ J'imagine les odeurs de mon enfance, l'air frais lorsque je suis au bord de la mer ou en haut d'une montagne…

*J'ai ressenti…*

..........................................................
..........................................................
..........................................................
..........................................................
..........................................................
..........................................................
..........................................................
..........................................................
..........................................................
..........................................................
..........................................................
..........................................................
..........................................................

## Le toucher

- ★ Je porte attention à la pulpe de mes doigts en les touchant.
- ★ J'imagine la forme de mes doigts dans mon corps.
- ★ Je touche mon crâne, mon visage.
- ★ Je perçois leur forme et leur texture.
- ★ Je touche mon thorax, mes épaules, mon abdomen, mes cuisses, mes genoux, mes mollets, mes chevilles et mes pieds.
- ★ Je perçois les différentes textures de ma peau et de mes vêtements.
- ★ Je prends conscience de mes doigts et de ma capacité kinesthésique.

*J'ai ressenti...*

**Tous les sens en éveil**

★ J'accueille les sensations agréables que me procurent mes sens.
★ J'observe les différents organes qui me lient au monde.
★ Je développe l'écoute de mes sensations grâce à mes sens.
★ Je prends conscience de mes capacités sensorielles.

*J'ai ressenti...*

............................................................................................................

............................................................................................................

............................................................................................................

............................................................................................................

............................................................................................................

............................................................................................................

............................................................................................................

............................................................................................................

**Dans la phase créative**

- ★ J'imagine une création en cours ou en projet.
- ★ Je m'imprègne de ce souhait de réalisation par la pensée.
- ★ J'inspire par le nez.
- ★ Je bloque ma respiration et j'inscris ce souhait dans ma tête.
- ★ J'expire doucement par la bouche.
- ★ Je diffuse ce souhait dans tout mon corps.
- ★ Je reprends une respiration naturelle.
- ★ J'ancre toutes ces sensations positives dans ma tête.
- ★ Je prends conscience de ce souhait qui m'anime.
- ★ Je prends une grande inspiration et je redynamise mon corps des pieds à la tête.

*J'ai ressenti...*

.......................................................

.......................................................

.......................................................

.......................................................

.......................................................

.......................................................

.......................................................

.......................................................

.......................................................

.......................................................

.......................................................

.......................................................

.......................................................

.......................................................

.......................................................

## Prendre en compte ses sentiments grâce à la visualisation : déplacer le négatif

**L'objectif ?** Souvent, l'individu se sent stressé et son mental est occupé par des émotions négatives. Son corps, qui traduit son état, accumule alors des tensions musculaires ou des manifestations physiques désagréables. La contraction du corps, avec le blocage de la respiration pendant quelques secondes, puis l'expulsion de l'air vont permettre d'évacuer les tensions et de prendre conscience de la décontraction du corps et du mental.

**Quand ?** Dès que le besoin s'en fait sentir.

**Comment ?** En posture assise ou debout, en fermant les yeux pour s'isoler du monde extérieur.

**Combien de temps ?** 5 minutes.

**Au préalable :**

- Je pratique le scan rapide du corps (voir page 66).
- Je me retrouve dans un état de confort et de sérénité.

★ J'inspire profondément par le nez.
★ Je mets ma tête légèrement en arrière.
★ Je pose mes doigts sur mon nombril.
★ Je bloque ma respiration.
★ Je tends tout mon corps de façon agréable.
★ Mon visage est face au plafond.
★ Je pense à ce qui est négatif.
★ Je souffle très fort, en expulsant les tensions.
★ Je ramène ma tête en avant, mon visage vers le sol.
★ Mes bras reviennent le long de mon corps ou sur mes genoux.
★ Je prends conscience des sensations agréables qui se manifestent dans mon corps.
★ Je recommence plusieurs fois.

*J'ai ressenti...*
..........................................................................................
..........................................................................................
..........................................................................................
..........................................................................................
..........................................................................................
..........................................................................................
..........................................................................................
..........................................................................................

## Prendre conscience de ce qui nous entoure grâce à la visualisation : la tridimensionnalité des objets

**L'objectif ?** Ce travail mental sur la tridimensionnalité va se faire en fonction de sa propre histoire, de son vécu, de ses expériences et peut durer quelques minutes seulement, en ayant pris n'importe quel objet. Cela va permettre de se concentrer et être en connexion avec le matériel qui sera utilisé. C'est une sorte de mise en condition au travail de création.

**Quand ?** À chaque début de création pour accentuer la découverte des objets ou des matériaux utilisés.

**Comment ?** Assis à sa table de travail, en saisissant l'objet dans ses mains pour le manipuler.

**Combien de temps ?** 5 minutes.

**Au préalable :**

- Je pratique le scan rapide du corps (voir page 66).
- Je me retrouve dans un état de confort et de sérénité.

J'utilise un coquillage pour réaliser un tableau marin.

Il se peut que ce soit un coquillage ramassé sur le sable et posé sur ma table de travail.

Je regarde le coquillage et j'imagine **son passé**. Au moment où il a été créé, comment le mollusque a fabriqué cette coquille, et lorsqu'il était encore accroché à son rocher, les milliers de vagues qui l'ont nourri de leurs nutriments, puis j'imagine le moment où il s'est détaché de son ancrage, peut-être à cause d'un de ses prédateurs qui a percé la coquille en formant un petit trou pour le manger, à marée basse, et comment cette coquille s'est retrouvée sur la plage, ballottée par le rythme de l'eau, mélangée à d'autres galets, séparée de son autre valve, polie par le sable et le ressac.

En imaginant cela, je retrouve les sensations du bord de mer, la chaleur du soleil sur la peau, la fraîcheur de l'eau, l'odeur de l'iode, les embruns sur le visage, je revois la scène où j'ai ramassé l'objet et je peux même me rappeler ce que j'ai pensé alors « tiens, je le prends pour ma prochaine création » ou alors pour « au cas où, ça peut me servir » !

**À présent**, il est sur ma table, je m'amuse à le toucher, j'apprécie sa forme, je gratte ses tries de croissance avec mon ongle, j'imagine son âge, je caresse l'intérieur et je le trouve très doux et lisse. Je le regarde et détaille ses couleurs, la brillance de sa nacre, le mat de sa surface extérieure.

Je le porte à mes narines pour voir s'il sent toujours la mer. Je peux même l'effleurer avec ma langue pour voir s'il est toujours salé ; lorsque je le cogne doucement sur ma table ou que je joue en le tapotant avec un de mes outils, j'entends le son creux ou plein que ça produit.

Après avoir imaginé le passé et le présent de mon coquillage, je vais donc supposer **son futur**. Lorsque ma création sera terminée, il prendra toute sa place et sera admiré, touché, et peut-être même détaché de son support pour aller orner une autre création... sa matière n'étant pas prête à se désintégrer.

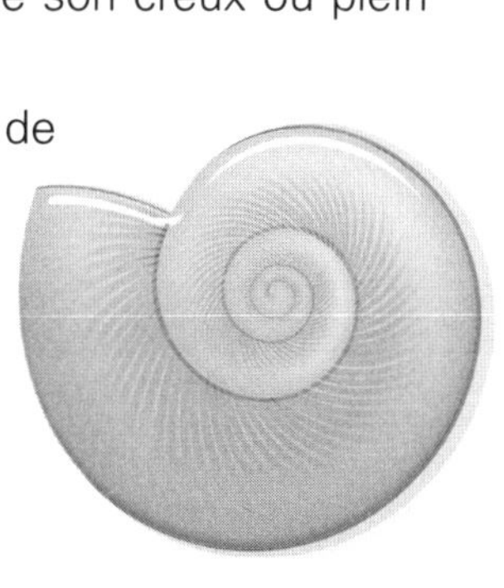

Maintenant que je me suis plongé dans sa temporalité, je lui ai donné toute sa valeur et je vais pouvoir l'imaginer sur la création, j'ai décidé de le coudre sur un tableau marin…

*Je choisis un exemple et je note mon ressenti…*

# Les émotions et les valeurs comme facteurs de créativité

# Émotions et valeurs : véritables moteurs

Les émotions sont des énergies en mouvement dans le corps. Elles nous mettent dans des situations propices à la créativité comme le fait de laisser décanter un problème, d'être dans un état émotionnel stimulant et positif, de prendre conscience de nos schémas de pensée qui parfois nous enferment dans une direction. Être attentif à nos émotions, à notre ressenti, mettre des mots sur l'intensité de l'émotion développe la conscience émotionnelle et aide à mieux se comprendre, à mieux comprendre l'autre et à être en connexion avec ce que nous faisons.

Dans l'acte de créer, nous plongeons notre esprit et notre corps en éveil afin de mettre en évidence nos émotions et nos valeurs de vie que nous allons développer mais dont nous avons très peu conscience.

C'est en les évoquant, et grâce à des techniques spécifiques, en les diffusant en nous et autour de nous que ces valeurs se révéleront indispensables à notre équilibre.

# Les émotions

## De négatives en positives

L'émotion, c'est la matière première de la création.

L'émotion est un état intérieur énergétique qui apparaît à chaque fois que certains de nos besoins relationnels, psychologiques ou sociaux sont soit satisfaits, et là nous ressentirons une émotion agréable, soit non satisfaits, nous sommes alors frustrés, en déséquilibre et, dans ces cas-là, nous allons éprouver une émotion désagréable. Nous parlons souvent d'émotions positives ou négatives bien que chaque émotion a toute son utilité car elle est un avertisseur, elle nous dit qu'il faut réagir parce que nous sommes en train de basculer dans un déséquilibre au niveau de nos besoins...

Apprendre à écouter nos ressentis et à mettre un nom sur l'émotion désagréable que nous éprouvons pourra développer la compréhension de son besoin et donc atténuer ses effets. Comprendre pourquoi nous ressentons de la tristesse et quel est le besoin à combler pourra être un moteur d'action pour réagir.

Nous pouvons choisir consciemment nos émotions positives, résultantes directes d'une action ou d'une expérience.

Elles ont pour effet de vivre des expériences mentales, à la fois intenses et agréables.

Les effets de ces émotions contrastent fortement avec les effets des émotions négatives ou de celles vécues dans une situation dangereuse (par exemple, la peur, la terreur, l'anxiété), ce qui a généralement pour effet de réduire notre champ de vision et de limiter notre série d'options à celles qui existent ou à celles qui sont le plus adaptées pour la survie.

La personne qui se met à sa table de travail pour créer n'a pas forcément conscience des dispositions émotionnelles dans lesquelles elle se trouve ni de toutes les émotions positives qu'elle va mettre en action. La création sera un moyen de rééquilibrer les émotions ou d'en prendre conscience.

Les loisirs créatifs, en général, vont mettre en évidence des émotions agréables que nous allons faire naître. Au-delà de l'acte de créer, plusieurs émotions vont booster la personne à commencer son ouvrage.

## 10 émotions positives fondamentales

### La joie, en opposition avec la tristesse

Rentrer dans un dispositif créatif développe la joie qui va elle-même produire de l'énergie pour créer. Ce sentiment de bonheur intense auto-alimente la créativité.

Être dans l'instant présent va vous apporter de la joie.

Quelle joie d'admirer votre œuvre enfin aboutie, de la tenir dans vos mains ou de la regarder avec intensité ! Quelle satisfaction de vous découvrir capable de vous dépasser !

Créer va supposer de lâcher prise, d'accepter le risque d'échec ou de faire face à vos peurs. C'est de cette façon que vous expérimentez le profond contentement qui découle de la surprise de voir le résultat dépasser vos espérances.

Mais ne pas terminer votre objet ou vous sentir bloqué à avancer dans votre processus créatif pourraient engendrer de la frustration, de la colère et de la tristesse, des sentiments très désagréables qui dans un premier temps seraient contre-productifs. Pour rester joyeux et heureux de créer, connectez-vous à vos gestes, à votre respiration et à vos idées créatives.

L'enthousiasme et la joie de vivre vont vous rendre plus dynamique plus enclin à agir. Commencez par sourire et vous produirez le sentiment d'être heureux !

**L'objectif ?** Obtenir une détente générale du corps.
**Quand ?** À chaque fois que le besoin s'en fait sentir.
**Comment ?** À pratiquer en position debout.
**Combien de temps ?** 5 minutes.

- ★ Je me tiens debout.
- ★ Je ferme les yeux.
- ★ J'inspire longuement par le nez.
- ★ Je souffle tranquillement par la bouche.
- ★ J'installe une respiration calme.
- ★ J'enlace mes épaules en croisant mes 2 bras.
- ★ Je pose délicatement mes mains sur celles-ci.
- ★ Je ressens la chaleur de mes mains sur mes épaules.
- ★ J'exerce quelques pressions douces sur mes épaules.
- ★ J'effectue quelques mouvements rotatifs sur mes épaules et mes bras comme si je les massais.
- ★ Je ressens la douceur de mes mouvements et le plaisir de ces caresses.
- ★ Je souris largement.
- ★ J'ouvre les yeux.
- ★ Ma tristesse est évaporée, ma joie peut revenir !

**Conseil**

*Je peux recommencer l'exercice plusieurs fois jusqu'à installer la joie en moi.*

**J'ai ressenti...**

..............................................................................................

..............................................................................................

..............................................................................................

## L'inspiration, en opposition avec le manque d'idées

Ce qui fait naître l'inspiration est un mystère. Une couleur, une forme, un paysage, une personne, une sensation, une matière...

Votre inspiration est stimulée par une grande palette d'émotions qui favorisent votre créativité. Une idée en entraîne une autre, des liens se créent et c'est le tourbillon créatif qui vous emporte !

Vous avez le projet de coudre une tenue que vous porterez au mariage de vos amis. Vous vous retrouvez à court d'idées. Pour éviter le syndrome de la page blanche, consultez sur la toile des exemples, découvrez ce que les autres ont pu faire et étudiez-les pour voir si vous pouvez vous en inspirer.

Lorsque trouver l'inspiration devient une source de stress, elle nous échappe.

Relaxez-vous, organisez vos idées et visualisez-vous dans des vêtements dans lesquels vous vous sentirez à l'aise et en beauté.

L'inspiration va venir de partout autour de vous mais aussi de votre for intérieur, de vos envies, de vos passions...

**L'objectif ?** Amener sa conscience dans un lieu que l'on aime pour retrouver l'inspiration.
**Quand ?** À chaque fois que le besoin s'en fait sentir.
**Comment ?** À pratiquer en position debout ou assis.
**Combien de temps ?** 3 minutes.

★ Je me tiens debout ou assis.
★ Je prends de grandes inspirations par le nez.
★ J'expire doucement par la bouche.
★ Je ferme les yeux.
★ Je prends conscience de mon corps dans cette posture et des points d'appui de mon corps sur mon siège ou des points d'ancrage de mes pieds au sol.
★ Je choisis un lieu que j'aime particulièrement et dans lequel j'aimerais me téléporter en quelques secondes.
★ Je choisis la plage.
★ Je visualise cet endroit et je regarde toutes les couleurs et les formes qui m'entourent.
★ Je vois le ciel bleu immaculé, la mer calme avec son écume ; au loin, il y a un voilier avec sa voile blanche, il file sur les vagues. Le sable est bien blanc.
★ Je poursuis mon exploration en ressentant la légère brise qui passe sur mes joues et mes cheveux, le sable humide sous mes pieds, le soleil qui me chauffe la poitrine et le dos.
★ Je perçois tous les bruits environnants, le bruit des vagues, le rire des personnes qui sont près de moi…
★ Je respire toutes les odeurs, l'iode de l'océan, le parfum des crèmes solaires, la senteur des beignets que transporte le vendeur de la plage…

- Je me connecte à toutes les saveurs que j'ai dégustées dans ce lieu de prédilection, comme le goût d'une bonne glace, d'un jus de fruits bien frais…
- Je prends conscience de toutes ces impressions qui remplissent mon corps et j'accueille toutes les sensations sans jugement, ni a priori.
- J'ouvre les yeux.

## Conseil

*Je peux visualiser un lieu en pleine nature, la forêt, la montagne ou alors l'intérieur d'une maison. Il peut même être imaginaire. L'essentiel est que ce soit un endroit où on sait qu'on y éprouvera du bien-être.*

## J'ai ressenti…

## L'admiration, en opposition avec la répulsion

Avant d'oser créer, nous ne faisons que regarder et admirer les autres. Nous admirons les personnes qui laissent s'exprimer leur vraie personnalité parce que nous sentons qu'elles puisent dans leur authenticité pour offrir au monde ce qu'il y a de meilleur en elle. Nous révérons l'audace créative d'un artiste, sa prise de risque, son humour, son ingéniosité parce que nous aimerions posséder ces qualités, nous aussi, et cet effet miroir va nous pousser à passer à l'acte de créer. L'admiration va être inspirante !

Vous admirez certaines productions ludiques et étonnantes parce qu'elles vont toucher votre âme d'enfant. La contemplation des matières, des couleurs, des formes de votre création va vous émerveiller. Il se peut que vous-même souleviez l'admiration des autres devant votre obstination, votre entêtement à réaliser votre œuvre.

Mais, parfois, vos doutes intérieurs vont faire naître du mépris pour votre travail personnel. Cette répulsion que vous ressentez réveille vos complexes.

Ayez de l'indulgence envers vous-même et retrouvez la confiance en vous. Posez-vous dans un espace calme ou faites un peu de marche, respirez tranquillement et changez votre perception de vous-même. Votre création n'est pas votre identité, c'est juste un moment de votre vie…

**L'objectif ?** Combattre les sentiments de répulsion.
**Quand ?** À chaque fois que le besoin s'en fait sentir.
**Comment ?** À pratiquer en position debout.
**Combien de temps ?** 2 minutes.

- ★ Je me tiens debout.
- ★ Je place mes pieds légèrement en fente bien ancrés au sol.
- ★ Je me place en position du boxeur.
- ★ Je prends une grande inspiration par le nez.
- ★ Je retiens l'air quelques secondes.
- ★ Pendant l'apnée, je serre mes poings.
- ★ Je balance des coups de poing devant moi avec force.
- ★ J'expire en soufflant très fort comme pour me dégager de mes émotions négatives.
- ★ Je répète plusieurs fois jusqu'à me sentir mieux.

*J'ai ressenti...*

.................................................................................................

.................................................................................................

.................................................................................................

.................................................................................................

## La sérénité, en opposition avec l'agitation intérieure

Nous aspirons tous au bien-être, à une sensation de paix intérieure et à une liberté d'être : être calme et alerte à soi-même, suffisamment vif pour percevoir ce qu'il se passe en soi et à l'extérieur de soi. Un esprit serein voit le monde avec plus de clarté et de perspective.

Pratiquer une activité créative va vous relâcher, et pour créer vous avez besoin de conditions sereines.

Aménagez-vous un lieu propice à la créativité, dans lequel vous ne serez pas dérangé, un endroit qui vous fait du bien et où vous vous sentirez respirer. Octroyez-vous des moments de déconnexion et d'isolement pouvant favoriser votre inspiration. Dans le calme, vous pouvez entendre vos pensées, atteindre les profondeurs de votre personne. Les ennemis de la créativité, le stress, le perfectionnisme, le conformisme, la négativité nous laissent croire que seule l'action forcenée portera ses fruits. Ils nous paralysent et nous inhibent. Autorisez-vous les erreurs, les tâtonnements, les coups pour rien. Combattez la routine, prenez des risques, faites preuve d'empathie, ouvrez-vous à l'inconnu pour vous donner confiance en vous et développer l'affirmation de soi. Adoptez la respiration abdominale pour ralentir votre rythme cardiaque et installer ce calme intérieur.

**L'objectif ?** Calmer l'agitation intérieure pour retrouver la sérénité.
**Quand ?** À chaque fois que le besoin s'en fait sentir.
**Comment ?** À pratiquer en position debout.
**Combien de temps ?** 2 minutes.

- ★ Je me tiens debout.
- ★ J'inspire longuement par le nez.
- ★ Je bloque ma respiration quelques secondes.
- ★ Je serre très fort les poings.
- ★ Je tape des pieds très fort sur le sol en remuant les bras comme si je faisais un sprint !
- ★ Je cesse de taper des pieds.
- ★ J'expire fort et bruyamment.
- ★ Je desserre mes poings.
- ★ Je recommence plusieurs fois jusqu'à atteindre le bâillement.
- ★ Je ressens la sérénité qui envahit tout mon corps.

J'ai ressenti...

..........................................................................................

..........................................................................................

..........................................................................................

..........................................................................................

..........................................................................................

..........................................................................................

..........................................................................................

..........................................................................................

## L'amusement, en opposition avec l'ennui

La créativité est une distraction « sérieuse » : nous nous amusons et nous cultivons le plaisir de créer... Lorsque nous créons pour nous amuser, nous nous reconnectons avec les parties de nous qui sont joyeuses et vivantes.

Le divertissement fait partie intégrante de la créativité, c'est une source d'inventivité.

Vous adorez écouter de la musique, chanter ou plaquer des accords sur votre instrument. Ce sont pour vous des activités qui allient amusement et enrichissement personnel.

Pourtant, même si vous êtes passionné, travailler votre instrument de musique chaque jour peut vous sembler rébarbatif et parfois devenir très ennuyeux !

Alors connectez-vous émotionnellement à tous les bienfaits que procure la musique comme influencer votre humeur, calmer votre stress, vous donner de l'énergie ou développer différentes aptitudes. Cela va vous stimuler à conserver le caractère divertissant qui existe dans la musique.

Ne dit-on pas : « jouer de la musique ou jouer d'un instrument » ?

**L'objectif ?** Retrouver l'envie de s'amuser.
**Quand ?** À chaque fois que le besoin s'en fait sentir.
**Comment ?** À pratiquer en position debout.
**Combien de temps ?** 1 minute.

- ★ Je me tiens debout.
- ★ J'écarte légèrement les pieds de la largeur de mon bassin.
- ★ Je respire normalement.

- ★ Je laisse tomber ma tête sur le thorax.
- ★ J'entrouvre la bouche.
- ★ Je reste le dos bien droit.
- ★ J'imagine que j'ai des petits ressorts sous les pieds.
- ★ Je me mets à sautiller rapidement sur la pointe des pieds.
- ★ Je laisse tomber ma tête, mes épaules et mes bras sont complètement relâchés.
- ★ Je me détends comme si j'étais une poupée de chiffon ou un pantin.
- ★ Je laisse faire mes membres en lâchant prise.
- ★ Je sautille pendant 10 à 15 secondes.
- ★ J'arrête quelques instants.
- ★ Je recommence une seconde fois.

### Conseil

*Je réalise cet exercice comme un jeu pour pouvoir lâcher prise corporellement et même mentalement. J'abandonne mes épaules, ma tête mais aussi tous les muscles du visage, du cou et de la mâchoire.*

### J'ai ressenti...

..........................................................................................

..........................................................................................

..........................................................................................

..........................................................................................

..........................................................................................

..........................................................................................

## La fierté, en opposition avec le manque d'estime de soi

La fierté va naître du résultat de votre création.

Offrir une de vos créations à un ami, apercevoir ses sourires, ses expressions de joie et de satisfaction sur son visage lorsqu'il reçoit votre cadeau, entendre ses paroles de remerciement, ressentir physiquement son étreinte corporelle et ses baisers vont renforcer votre fierté et booster votre travail créatif.

Vous venez de coudre le dernier bouton sur le gilet que vous avez tricoté. Vous savez à quel point cette réalisation n'a pas été simple, et tout le temps que vous y avez passé. Vous vous empressez d'enfiler le vêtement, vous vous admirez dans le miroir sur toutes les facettes et votre joie vous fait même exécuter quelques pas de danse... Votre corps et votre mental vous remplissent d'un sentiment énorme de fierté.

Malheureusement, parfois vous pensez que votre objet est laid, qu'il ne va pas plaire ou que vous auriez pu mieux faire...

Il nous est tous arrivé d'avoir ce genre de rengaines qui reviennent en boucle comme un disque rayé. Elles traduisent le regard dévalorisant que nous portons sur nous-même et ne font que développer ce sentiment du manque d'estime de soi. Ces états d'âme vont être un frein à notre créativité.

C'est en vous connectant à votre corps et à votre respiration que surgissent des émotions agréables qui vont modifier votre comportement et vos pensées.

**L'objectif ?** Réactiver ou retrouver l'estime de soi.
**Quand ?** À chaque fois que le besoin s'en fait sentir.
**Comment ?** À pratiquer en position debout.
**Combien de temps ?** 2 minutes.

- ★ Je me tiens debout.
- ★ J'inspire par le nez et je monte les bras à l'horizontale devant moi.
- ★ Je dessine des griffes avec mes mains.
- ★ Je positionne mes paumes tournées vers le bas comme si je retenais un objet.
- ★ Je retiens l'air.
- ★ J'effectue une légère tension abdominale comme pour le retenir.
- ★ Je le maintiens avec les mains.
- ★ Je ramène mes bras à mon abdomen en soufflant très fort.
- ★ Je répète l'exercice 3 fois.

J'ai ressenti...

...........................................................................................

...........................................................................................

...........................................................................................

...........................................................................................

...........................................................................................

...........................................................................................

...........................................................................................

## L'espoir, en opposition avec le désespoir

L'espoir dans l'acte créatif est de croire que nous allons être capable de réaliser nos rêves et de surmonter des difficultés grâce à nos ressources intérieures. Il aide à garder un esprit confiant et positif. Être heureux et rempli d'espoir est un état plaisant qui produit très peu de stress. Dans ces conditions, le corps s'épanouit. L'espoir et l'optimisme sont des forces qui permettent de donner un sens à ce que nous faisons.

Vous avez envie de vous essayer au scrapbooking et de réaliser un album photo. Vous vous visualisez déjà en train de montrer votre création avant même de l'avoir commencée. Ce défi d'accomplir engendre un sentiment d'espoir qui va lui-même jouer un rôle sur vos motivations.

Parfois, le nombre d'étapes du processus de réalisation paraît tellement énorme que vous pouvez vous sentir démotivé et votre peur de ne pas y arriver vous remplit de désespoir. Il se peut également qu'au cours de votre travail, vous vous rendiez compte que vous butez sur une technique et, là encore, vous perdez espoir. Le désespoir développe le sentiment d'impuissance.

Votre volonté d'agir est sapée par vos pensées négatives et vous voilà découragé.

Alors posez-vous dans un endroit calme, respirez tranquillement, retrouvez confiance en vous en observant ce que vous avez déjà effectué. En vous focalisant sur le positif, vous aurez plus de chance de vivre à la hauteur de votre potentiel et vous retrouverez vite l'inspiration de continuer… N'oubliez jamais que les problèmes sont temporaires. « Tout passe ! » Gardez l'espoir qui va jouer un véritable rôle dans votre bien-être aussi bien à court terme qu'à long terme.

**L'objectif ?** Retrouver l'espoir de vie.
**Quand ?** À chaque fois que le besoin s'en fait sentir.
**Comment ?** À pratiquer en position debout ou assise.
**Combien de temps ?** 2 minutes.

★ Je me tiens debout ou assis.
★ Je prends plusieurs grandes inspirations par le nez.
★ Je souffle très lentement par la bouche.
★ Je prends conscience de ma posture et de ma respiration qui s'est apaisée.
★ J'imagine un immense pot de peinture assez liquide d'une couleur qui me fait du bien à ce moment-là.
★ Je prends conscience de ma tête.
★ Je visualise que je verse une partie de la peinture bienfaitrice pour colorer ma tête.
★ Je prends conscience de mon cou, ma nuque, mes épaules et la face interne de mes bras et mes mains.
★ Je verse la peinture pour colorer cette 2e partie de mon corps.
★ Je prends conscience de mon thorax, du haut de mes épaules et la face externe de mes bras et mes mains.
★ Je verse la peinture pour colorer cette 3e partie de mon corps.
★ Je prends conscience de mon abdomen et de mon dos.
★ Je verse la peinture pour colorer cette 4e partie de mon corps.

- Je prends conscience de tout le bas de mon corps, en partant du bas-ventre jusqu'aux orteils.
- Je vide la peinture pour colorer cette 5e partie de mon corps.
- Je prends conscience de tout mon corps coloré et imprégné de cette couleur apaisante.
- Je respire avec de grandes inspirations.
- Je prends conscience de mon corps chargé de cette couleur et du bien-être qui l'inonde.
- Je vais pouvoir me redynamiser.
- Je pars de mes pieds que je commence à bouger et je remonte tranquillement jusqu'au sommet de mon crâne.
- Mon corps et mon mental peuvent se remettre au travail.

**Conseil**

*On peut choisir une couleur selon son inspiration du moment ou se reporter au tableau des couleurs de la page 41 pour y trouver des idées.*

**J'ai ressenti…**

## La reconnaissance en opposition avec l'ingratitude

Éprouver de la gratitude, c'est tout simplement être reconnaissant envers des petites choses simples et agréables qui nous émerveillent. Cultiver la gratitude nous fait nous sentir mieux. Nous envoyons le signal à tout notre corps que ce que nous vivons est positif, et notre corps nous le rend bien en libérant des hormones qui nous permettent de nous détendre.

Vous choisissez de faire un bouquet façon ikebana, l'art floral japonais. Alors vous descendez dans le jardin pour une promenade quasi méditative, en empathie avec la nature. Vous êtes attentif à la forme de chaque arbre, au chant de chaque oiseau, au parfum de chaque fleur. Vous ramassez et rassemblez quelques branches, des pierres, des bulbes. Vous reconnaissez la beauté de votre environnement et un sentiment de gratitude vous emplit tout entier. Un brin de savoir-faire et de patience, et le résultat de votre réalisation bucolique sera superbe ! Vous avez envie de dire merci...

Souvent, nous passons à côté de ces petits plaisirs en étant insensibles à la nature ou nous ne reconnaissons pas les bienfaits que nous apporte notre travail créatif. Cette ingratitude nous prive de toutes les émotions agréables qui s'offrent à nous.

Ouvrez votre sensibilité en faisant attention à tous les petits bonheurs quotidiens que vous vivez. Regardez, écoutez, sentez, goûtez, touchez avec plaisir ce qui vous entoure. Soyez reconnaissant de la qualité de vie que vous possédez et remerciez la vie avec gratitude.

**L'objectif ?** Cheminer vers la gratitude.
**Quand ?** À chaque fois que le besoin s'en fait sentir.
**Comment ?** À pratiquer en position debout ou assise.
**Combien de temps ?** 2 minutes.

- ★ Je me tiens debout ou assis.
- ★ Je prends plusieurs grandes inspirations par le nez.
- ★ Je souffle lentement par la bouche.
- ★ Je ferme les yeux.
- ★ J'installe une respiration calme dans tout mon corps.
- ★ Je prends conscience des points d'appui de mon corps sur mon siège ou de mon ancrage au sol si je suis debout.
- ★ Je prends conscience de mon corps dans cette posture.
- ★ Je prends conscience de ma tête.
- ★ Je la touche avec mes 2 mains.
- ★ Je prends conscience de l'organe vital de ma tête : mon cerveau.
- ★ Je le visualise et je le remercie par la pensée car je reconnais qu'il me permet de réfléchir et d'envoyer tous les messages au reste de mon corps.
- ★ Je prends conscience de mon cou, de ma nuque et de mes épaules.
- ★ Je place mes mains sur le devant de mon cou.
- ★ Je prends conscience de l'organe vital qui se trouve dans cette région du corps : la thyroïde.
- ★ Je la visualise (elle ressemble à un petit papillon) et je la remercie car je reconnais qu'elle me permet de réguler mes émotions.
- ★ Je prends conscience de mon thorax et du haut de mon dos.
- ★ Je place mes mains sur mon plexus solaire.
- ★ Je visualise les 2 organes vitaux de ma poitrine : mon cœur et mes poumons.

- ★ Je prends conscience de mon cœur et mes poumons et je les remercie car je reconnais qu'ils me permettent de respirer et de réguler ma circulation sanguine.
- ★ Je prends conscience de mon abdomen.
- ★ Je place mes 2 mains sur mon ventre.
- ★ Je visualise mes organes vitaux qui se situent à l'intérieur : les organes digestifs.
- ★ Je les visualise et je les remercie car je reconnais que chacun à leur place me permet de fonctionner tranquillement.
- ★ Je prends conscience de tout le bas de mon corps.
- ★ Je place mes mains à 5 cm sous mon nombril.
- ★ Je prends conscience de mes organes vitaux de cette région corporelle : mes organes urogénitaux et mes reins.
- ★ Je les visualise et je les remercie car je reconnais qu'ils remplissent leur tâche de façon bien spécifique.
- ★ Je prends conscience de tout mon corps dans son entité et de toute la force intérieure qui l'habite.
- ★ J'en éprouve une gratitude infinie.
- ★ Je peux ouvrir les yeux.

## Conseil

*Pour pouvoir cultiver la gratitude, on peut commencer par ce sentiment tourné vers son propre corps, celui qui nous alerte en cas de dysfonctionnement et qui nous porte au quotidien, en visualisant chaque partie de notre corps et de nos organes vitaux.*

## J'ai ressenti...

..................................................................................................

..................................................................................................

..................................................................................................

## L'intérêt/la curiosité, en opposition avec le désintérêt

La curiosité, c'est sortir de ses habitudes, tourner son regard vers les nouvelles techniques, les nouveaux matériaux, les nouvelles tendances, et c'est observer avec attention tout ce qui se passe autour de soi.

Vous avez toujours eu envie de peindre sur de la soie. Si vous aimez l'aventure, vous allez faire des recherches pour en apprendre le plus possible et ouvrir votre horizon.

Constituez-vous une série de questions courtes et ouvertes pour vous préparer à votre projet. « Comment vais-je faire pour y arriver ? Avec quelles matières ? Quels outils ? Pourquoi le faire de cette façon ? Qui pratique cet art ? »...

Le danger lorsque nous sommes en phase créative, c'est d'avoir peur de sortir de sa zone de confort, ne pas oser prendre des risques. À long terme, votre désir restera en suspension, vous n'aurez jamais essayé cette technique et vous n'aurez que des regrets.

Alors, pour retrouver confiance en vous, positionnez-vous sur vos pieds, retrouvez la sensation d'être bien ancré dans le sol et respirez calmement. Développez votre curiosité et passez à l'acte car cela suppose l'enthousiasme, le désir, l'intérêt et la passion !

**L'objectif ?** Développer ma curiosité.
**Quand ?** À chaque fois que le besoin s'en fait sentir.
**Comment ?** À pratiquer en position debout ou assis.
**Combien de temps ?** 2 minutes.

★ Je me tiens debout ou assis.
★ Je prends une grande inspiration par le nez.
★ J'expire le plus lentement possible.
★ J'installe une respiration calme.
★ Je ferme les yeux.
★ J'inspire profondément en portant mon attention sur ce qui se passe à l'intérieur de moi...
★ J'écoute mon cœur qui bat calmement...
★ Je sens les vibrations de l'intérieur de mon corps...
★ Je perçois les mouvements de mon abdomen, et de mes poumons...
★ Je perçois ma circulation sanguine et la chaleur qu'elle diffuse dans mon corps...
★ Je souffle en portant mon attention sur ce qui se passe à l'extérieur de moi...
★ J'inspire profondément en portant mon attention sur ce qui se passe à l'intérieur de moi...
★ J'écoute mon cœur qui bat calmement...
★ Je sens les vibrations de l'intérieur de mon corps...

★ Je perçois les mouvements de mon abdomen et de mes poumons…
★ Je perçois ma circulation sanguine et la chaleur qu'elle diffuse dans mon corps…
★ Je souffle en portant mon attention sur ce qui se passe à l'extérieur de moi…
★ Je laisse s'installer un échange positif entre l'intérieur et l'extérieur de moi…
★ Je répète autant de fois que j'en éprouve le besoin.
★ J'ouvre les yeux.

**Conseil**

*Les points de suspension indiquent un temps de silence plus ou moins long entre les consignes pour développer cette respiration méditative.*

**J'ai ressenti…**

..........................................................................................

..........................................................................................

..........................................................................................

..........................................................................................

..........................................................................................

..........................................................................................

..........................................................................................

## L'amour, en opposition avec la haine

L'amour encourage l'épanouissement de la créativité. Prenez une boule de terre en pensant à une personne que vous aimez. Créez un objet avec vos mains et mettez-y de l'amour à l'intérieur. L'amour n'est pas un sentiment, c'est une essence qui va alimenter notre énergie créatrice et faire émerger des idées nouvelles. Tous les matériaux que vous utilisez ressortent pendant la création à travers votre cœur.

Avoir envie de faire plaisir à l'être aimé va apporter dans notre esprit beaucoup d'idées originales. Vous allez développer la bienveillance envers vous-même et puiserez dans celle-ci pour vous et la relation à l'autre. Vous développerez l'estime de soi et l'amour de vous-même. Aimez ce que vous faites. Si votre acte est votre histoire d'amour, alors il devient créatif.

Si vous avez peu d'estime de vous et critiquez sans cesse votre travail, si vous détestez vos œuvres en général, vous vous retrouverez vite à court d'idées et abandonnerez facilement vos ouvrages.

Respirez calmement et apprenez à vous regarder avec les yeux de votre cœur. Mettez-vous dans la peau de quelqu'un qui s'aime et s'accepte complètement. Appréciez vos créations et vous ressentirez un sentiment d'assurance et de présence en vous.

Par passion, tout est possible !

**L'objectif ?** Éprouver dans mon corps le sentiment d'amour.
**Quand ?** À chaque fois que le besoin s'en fait sentir.
**Comment ?** À pratiquer en position debout ou assise.
**Combien de temps ?** 3 minutes.

★ Je me tiens debout les pieds écartés de la largeur de mes hanches.
★ Je prends de grandes inspirations par le nez.
★ J'expire très lentement avec la bouche.
★ J'installe une respiration calme dans tout mon corps.
★ J'inspire en levant les bras écartés vers le ciel.
★ Je mets ma tête légèrement en arrière.
★ Je visualise une pluie de pétales chargés d'amour.
★ Je bloque ma respiration.
★ Je capte et ramasse ces pétales d'amour avec mes bras, la tête légèrement en arrière.
★ Je ramène mes bras et mes mains remplis d'amour vers ma tête, comme si je voulais que mes pensées en soient imprégnées.
★ J'expire doucement.
★ À nouveau, je lève les bras écartés vers le haut en inspirant.
★ Je bloque ma respiration.
★ Je capte et ramasse ces pétales d'amour avec mes bras et mes mains, la tête légèrement en arrière.
★ Je les dépose dans mon cou, ma nuque et mes épaules en expirant.
★ Je lève les bras écartés vers le haut en inspirant.
★ Je bloque ma respiration.
★ Je capte et ramasse ces pétales d'amour avec mes bras et mes mains, la tête légèrement en arrière.
★ Je les dépose au niveau de mon thorax, en expirant.

- ★ Je lève les bras écartés vers le haut en inspirant.
- ★ Je bloque ma respiration.
- ★ Je capte et ramasse ces pétales d'amour avec mes bras et mes mains la tête légèrement en arrière.
- ★ Je les dépose au niveau de mon abdomen en expirant.
- ★ Je lève les bras écartés vers le haut en inspirant.
- ★ Je bloque ma respiration.
- ★ Je capte et ramasse ces pétales d'amour avec mes bras et mes mains, puis je les dépose au niveau du bas de mon corps en expirant.
- ★ Je prends conscience de tout mon corps dans cette posture et de tout ce sentiment d'amour qui le remplit.
- ★ Je fais une pause en accueillant tout ce qui se passe dans mon corps sans jugement, ni a priori.

## Conseil

*Je peux choisir de pratiquer cet exercice en visualisant des pétales de fleur chargés de douceur, de tendresse ou d'énergie en fonction de mes besoins du moment.*

## J'ai ressenti…

..........................................................................................

..........................................................................................

..........................................................................................

..........................................................................................

..........................................................................................

# Les valeurs

## Se connecter à ses valeurs

Se connecter à ses valeurs est fondamental car cela va permettre de nous affirmer, de prendre conscience de qui nous sommes, ce qui est important pour nous et ce à quoi nous aspirons au fond de nous.

Les valeurs que nous avons envie de développer à un certain moment de notre vie peuvent par exemple changer en fonction de la conjoncture. Elles permettent, comme des forces intérieures, de bâtir sa vie et de faire le chemin qui a du sens pour nous. Avec la technique, la valeur que nous choisirons de travailler va se diffuser autour de nous et à l'intérieur de nous. Nous serons alors en accord avec nous-même, nous pourrons nous assumer et être fier de porter cette valeur.

Quelles valeurs peuvent être favorables et mises en évidence pendant l'acte créatif ? À titre non exhaustif, nous pouvons parler du plaisir, de la liberté, de la présence, de l'habileté, de la persévérance, de l'empathie, de l'utilité, de l'humilité, de l'unicité et du rêve.

Pour travailler sur ces valeurs, il est nécessaire de se mettre dans un état de relaxation dans lequel le corps serait au bord du sommeil alors que la conscience resterait vigile ce qui passe par une technique de scan rapide du corps (p. 66).

# Les visualisations dans l'acte créatif

## Le plaisir

Élaborer un processus de fabrication, établir des liens entre des idées et les mettre en action pour réaliser son objet, toucher les matières, assembler les différentes pièces sont autant d'actions qui procurent du plaisir. Nous avons la sensation de satisfaire notre désir et même notre besoin de créer.

Dans l'acte créatif, c'est le plaisir de faire qui semble primordial, et même parfois plus important que le résultat.

La créativité, c'est se faire plaisir et c'est le plaisir qui pousse à créer.

Vous souvenez-vous de la première fois où vous avez assemblé des petits carreaux de mosaïque pour décorer un cadre photo ? La découpe des petits carreaux, leur ajustement, le collage, toutes ces techniques bien spécifiques vous ont procuré des sensations de plaisir qui resteront ancrées dans la mémoire et dans le corps comme une concentration joyeuse.

Inspirez le sentiment de plaisir à chaque étape de votre ouvrage et diffusez-le à l'intérieur de vous.

**L'objectif ?** Installer la dimension plaisir dans tout ce que nous faisons.

**Quand ?** Aussi souvent que possible.

**Comment ?** En position debout.

**Combien de temps ?** 2 minutes.

★ Je me tiens debout.
★ J'inspire profondément en levant les bras au-dessus de ma tête.
★ Je mets la tête un peu en arrière.
★ Je capte l'énergie du plaisir en imaginant l'attraper avec mes 2 bras.
★ Je descends mes bras en passant devant mon visage, mon cou, mon thorax, mon abdomen jusqu'à mes jambes.
★ Je la diffuse à l'intérieur de moi en expirant doucement.
★ Je recommence 3 fois.

*Je me reconnecte au plaisir :*

..............................................................................

..............................................................................

..............................................................................

..............................................................................

..............................................................................

..............................................................................

## La liberté

La liberté est une valeur indispensable à la créativité.

En créant, vous vous libérez des contraintes extérieures : vous pouvez commencer votre activité à l'heure que vous le souhaitez et vous ne vous fixez pas de limite de temps. Vous agissez sans consigne, sans vous plier à une règle d'esthétisme ou de tendance. Vous utilisez les matériaux, les couleurs, les techniques que vous désirez. Vous n'avez pas peur du jugement, ni des critiques. Vous n'attendez pas l'approbation ou l'évaluation extérieure, vous ne cherchez pas à ce que l'autre comprenne le sens de votre travail.

Et puis vous vous libérez des contraintes intérieures : vous produisez sans inhibition, vous restez flexible, vous créez votre propre chemin, vous acceptez sans jugement le regard personnel que vous portez sur chaque chose. Vous laissez se développer votre création en fonction de vos humeurs du moment. Pour créer librement, respirez tranquillement et oubliez toutes les contraintes. Connectez-vous à la valeur de liberté avec un exercice travaillant sur la rotation axiale du corps.

**L'objectif ?** Liberté de pouvoir commencer quelque chose.
Se sentir libre de faire les choses, de choisir.

**Quand ?** À chaque fois que le besoin s'en fait sentir.

**Comment ?** En position debout.

**Combien de temps ?** 2 minutes.

★ Je me tiens debout, bien ancré sur mes 2 jambes.

★ Je prends conscience de ma respiration que j'apaise lentement.

★ Je tourne mon buste en écartant légèrement mes bras.

★ J'effectue quelques rotations à droite et à gauche.

★ Je prends conscience de mon espace vital autour de moi.

★ Je prends une grande inspiration en installant ma valeur de liberté dans mon espace vital.

★ J'expire tranquillement en prenant conscience de cette valeur de liberté inscrite à l'intérieur de moi.

★ Je recommence cet exercice plusieurs fois.

*Je me reconnecte à la liberté* :

.......................................................................................................

.......................................................................................................

.......................................................................................................

.......................................................................................................

## La présence

Créer est à chaque fois une nouvelle expérience existentielle. Nous connecter avec tous nos sens aux objets et aux actes que nous effectuons renforce le sentiment d'être vivant. Nous nous sentons exister, à la fois vis-à-vis de soi-même, d'autrui et du monde. **Nous nous sentons être**.

Lorsque vous triturez le bloc de terre glaise pour le transformer et en produire une forme, vous utilisez des techniques bien particulières, vous laissez aller votre imagination, vous faites référence à votre histoire et aux nombreuses représentations que vous avez pu admirer jusque-là. Vous respirez la terre, vous la malaxez, vous prenez conscience de vos mains qui s'activent, de votre esprit qui pense et réfléchit. Ce retour à la terre renforce la présence que vous avez avec vous-même. Pratiquez l'exercice du « revenir à soi » pour propager dans votre intérieur le sentiment de vous sentir vivant, de vous sentir exister et retrouvez un sens à ce que vous faites.

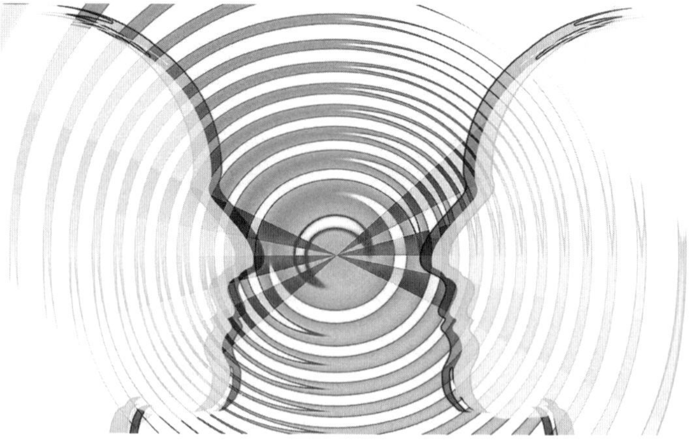

**L'objectif ?** Revenir à soi. Se sentir vivant.
**Quand ?** À chaque fois que vous vous sentez dispersé.
**Comment ?** En position assise ou debout.
**Combien de temps ?** 3 minutes.

★ J'inspire tranquillement en sentant mon ventre se gonfler.
★ Je perçois mes pieds au sol.
★ J'expire doucement.
★ J'inspire tranquillement en étirant les bras.
★ Je capte toute mon énergie intérieure.
★ J'expire en descendant mes bras.
★ J'inspire tranquillement en diffusant ma valeur de présence à moi-même.
★ Je prends conscience de ma posture.
★ Je sens mon corps aligné et reconcentré.
★ J'expire doucement.
★ Je recommence 3 fois.

*Je me reconnecte à la présence* :

..............................................................................................

..............................................................................................

..............................................................................................

..............................................................................................

## L'habileté

Pratiquer les loisirs créatifs va renforcer votre dextérité. Vous allez améliorer votre motricité fine, l'agilité de vos doigts et la souplesse de vos poignets.

Vous êtes en train de réaliser une maquette en bois. Vous savez que cela va nécessiter de votre part beaucoup de réflexion et de gestes précis car toutes les pièces sont réduites, donc pas question d'assembler avec de la colle très puissante les mauvaises parties de votre objet ou de couper les morceaux de bois trop courts. Vous ne pourrez pas revenir en arrière, car « quand c'est coupé, c'est coupé » ! Cette activité vous demande beaucoup d'attention et de minutie. À chaque étape sensible de votre processus, vous allez devoir veiller à la justesse de votre geste et à votre concentration afin d'éviter des erreurs de manipulation.

Connectez-vous à la valeur de l'habileté et retrouvez confiance en vos gestes avec la technique pour décrisper vos doigts.

**L'objectif ?** Développer sa dextérité manuelle.
**Quand ?** Avant de se mettre à l'ouvrage.
**Comment ?** En position assise ou debout.
**Combien de temps ?** 2 minutes.

★ Je détends mon abdomen.
★ Je relâche mes fessiers.
★ Je regarde mes 2 mains.
★ Mes coudes sont pliés et mes avant-bras sont à la hauteur de mon thorax.
★ J'inspire profondément par le nez.
★ Je bloque ma respiration.
★ Je crispe mes poings, les pouces sont placés à l'extérieur de mes mains.
★ Je fais quelques mouvements avec mes doigts comme si je jouais de la harpe.
★ J'expire par la bouche.
★ J'ouvre mes doigts.
★ Je regarde mes mains.
★ Je recommence 3 fois.

*Je me reconnecte à l'habileté :*

........................................................................................................

........................................................................................................

........................................................................................................

........................................................................................................

## La persévérance

La persévérance est la meilleure alliée de la créativité. Pour mener à bien son projet, on doit y consacrer beaucoup d'efforts.

Vous est-il arrivé de vous lancer dans la création de macarons ? Une entreprise bien ambitieuse même si vous êtes bon pâtissier. Vous essayez mais votre première tentative ne vous convient pas... Alors vous recommencez plusieurs fois jusqu'à obtenir un résultat qui vous paraît convenable... Vous pourriez vous sentir découragé, penser que votre ouvrage n'avance pas, vous auriez l'impression d'être bloqué et l'envie d'abandonner se ferait ressentir... Dès que vous sentez que vous êtes sur le point de capituler et de rendre votre tablier, connectez-vous à la valeur de persévérance, en pratiquant un exercice du pompage des épaules et vous retrouverez rapidement la volonté de poursuivre votre ouvrage.

**L'objectif ?** Retrouver le courage de continuer, recommencer jusqu'à satisfaction.
**Quand ?** À chaque fois que vous avez envie d'abandonner votre ouvrage.
**Comment ?** En position debout.
**Combien de temps ?** 2 minutes.

- Je suis debout.
- J'inspire profondément par le nez.
- Je bloque ma respiration.
- Je tends mes bras et je serre mes poings.
- Je pompe avec mes épaules en comptant dans ma tête jusqu'à 10.
- J'expire par la bouche.
- Je recommence 3 fois.
- Je diffuse ma valeur de persévérance dans tout mon corps.
- Je récupère calmement en portant attention à ma respiration.

*Je me reconnecte à la persévérance :*
..........................................................................................
..........................................................................................
..........................................................................................
..........................................................................................

## L'utilité

Créer utile est un concept essentiel pour vous. La créativité vous détache de la consommation qui est son grand ennemi puisque la consommation offre déjà tout, on n'a plus qu'à acheter au lieu de réfléchir, d'imaginer une autre solution et de créer soi-même.

Vous avez décidé d'élaborer un jardin potager en utilisant uniquement des matériaux recyclés ?

Fabriquer quelque chose d'utile avec des objets qui étaient destinés à être jetés vous remplit de satisfaction. Allier le plaisir de la création en mettant en œuvre des techniques écologiques pour la protection de l'environnement vous rend plus libre et plus responsable. De spectateur, vous allez devenir acteur du développement durable.

Connectez-vous à la valeur de l'utilité et faites grandir en vous le sentiment d'être « cré-actif ».

**L'objectif ?** Offrir ma création à l'univers.
**Quand ?** À chaque fois que le désir s'en fait sentir.
**Comment ?** En position debout.
**Combien de temps ?** 2 minutes.

★ Je me tiens debout.
★ J'ancre bien mes pieds au sol.
★ J'inspire profondément.
★ Je me baisse en avant en cueillant dans la terre ma valeur d'utilité.
★ Je tends mes bras devant moi paumes vers le ciel.
★ J'ai l'intention d'offrir au monde ma création.
★ Je souffle avec une intention de cœur.
★ Je formule une phrase dans ma tête.
★ « Que ma création apporte de la joie, qu'elle trouve son utilité dans cet univers ! »
★ Je recommence 3 fois.

*Je me reconnecte à l'utilité :*

..........................................................
..........................................................
..........................................................
..........................................................
..........................................................
..........................................................
..........................................................

## L'empathie

Avoir de l'empathie va permettre de ressentir dans son propre corps les états émotionnels de ceux qui nous entourent. Nous allons nous appliquer à faire attention à eux en observant leurs besoins, leurs envies et leurs émotions.

Vous savez que votre ami aurait besoin d'un petit sac en tissu pour transporter ses livres. Vous décidez de le lui fabriquer en secret et de le lui offrir. Vous allez réfléchir à ses goûts pour les matières, ses couleurs préférées, la forme idéale de l'objet. Tout en mettant votre touche personnelle, vous allez essayer de correspondre au mieux à ses envies. Ce processus intellectuel et technique reflète une valeur qui vous est propre : l'empathie.

Avant de vous mettre à créer, connectez-vous à votre valeur de l'empathie en visualisant la discussion d'où a émergé ce désir.

**L'objectif ?** Visualiser un souvenir pour y retrouver toutes les sensations.
**Quand ?** Avant de commencer votre ouvrage.
**Comment ?** En position assise.
**Combien de temps ?** 3 minutes.

★ Je m'assois confortablement.
★ J'inspire et j'expire doucement.
★ Je ferme les yeux.
★ Je visualise le moment de ma rencontre avec mon ami.
★ Je retrouve les sensations de bien-être de ce moment de partage.
★ Je visualise le lieu où nous étions.
★ Je retrouve la tonalité de sa voix.
★ Je visualise ses sourires.
★ Je me concentre sur sa personnalité.
★ Je réfléchis aux matières, aux couleurs, à la forme de l'objet en question.
★ Je me représente l'idée de ma création.
★ Je me vois en train de fabriquer.
★ Je me visualise en train de lui offrir.
★ Je souris intérieurement.
★ Je prends une grande inspiration.
★ Je m'étire.
★ J'ouvre les yeux et je me sens heureux de ce projet.

**Je me reconnecte à l'empathie :**

..........................................................................................

..........................................................................................

..........................................................................................

## L'humilité

Être humble, c'est être à l'écoute de ses limites et ses faiblesses. La pratique de l'humilité demande du courage dans le processus créatif.

Penser que vous pouvez « rater votre création » pourrait être une source énorme d'anxiété et de stress. Vous pourriez même renoncer à une idée par peur de ne pas être capable de la réaliser. Mais tant que vous n'avez pas essayé, c'est impossible de savoir si ça peut fonctionner. L'échec fait partie intégrante du succès et est essentiel pour avancer. Il va vous pousser à analyser les choses pour comprendre ce qui n'a pas marché, vous allez faire preuve de créativité pour y remédier, vous allez améliorer votre idée de départ et réessayer. Ne plus avoir peur de l'échec va vous remplir d'humilité.

Connectez-vous à la valeur de l'humilité en pratiquant la technique du brassage abdominal.

**L'objectif ?** Se connecter à son humilité, prendre conscience qu'il est possible de rater sa création.
**Quand ?** Dès que le besoin s'en fait sentir.
**Comment ?** En position debout.
**Combien de temps ?** 2 minutes.

★ Je me tiens debout, les pieds dans l'axe du bassin, dans une position stable et confortable.
★ J'inspire doucement.
★ J'expire en vidant l'air au maximum.
★ Je fléchis les jambes.
★ Je pose les mains sur les genoux.
★ Je bloque ma respiration en gardant les poumons vides.
★ Je contracte et relâche l'abdomen en effectuant des mouvements de va-et-vient.
★ J'inspire en me redressant lentement en déroulant la colonne de bas en haut.
★ Je perçois mon humilité dans les profondeurs de mon être.
★ Je répète cet exercice 3 fois ou plus.

Je me reconnecte à l'humilité :

.......................................................................................

.......................................................................................

.......................................................................................

.......................................................................................

## L'unicité

Créer en s'inspirant de choses extérieures tout en y mettant sa patte pour obtenir une pièce unique, c'est le propre de la créativité.

À chaque réalisation, il existe quelque chose d'unique. Tout en suivant un modèle, vous aurez envie de rajouter votre touche personnelle et de l'adapter à votre morphologie, en fonction de vos envies ou de vos besoins. Vous fabriquerez un modèle singulier qui sera le reflet de votre personnalité. Chaque ouvrage sera unique et imprégné d'une partie de vous.

Avez-vous déjà eu l'horrible sensation de vous retrouver à une soirée, revêtu de la même tenue que votre voisine ou votre collègue de bureau ? Avec la création de votre propre vêtement, cela ne pourra jamais se produire !

L'unicité est une valeur qui pourrait vous stimuler à réaliser des œuvres originales...

Connectez-vous à cette valeur pour obtenir le sentiment que vous-même êtes une personne unique !

**L'objectif ?** Revenir à son axe, se (re)centrer, créer une pièce unique.
**Quand ?** À chaque fois que le besoin s'en fait sentir.
**Comment ?** En position debout ou assise.
**Combien de temps ?** 2 minutes.

★ Je me tiens debout ou assis dans une position confortable et dans un environnement propice à la détente.
★ Je pose mes pieds à plat sur le sol.
★ Je place mon dos bien droit et les bras le long de mon corps.
★ J'inspire en montant les bras de chaque côté du corps et en formant de larges demi-cercles, comme les ailes d'un papillon.
★ J'expire en descendant les mains devant moi en suivant une ligne, un axe central.
★ J'accueille dans tout le corps les sensations de l'unicité.
★ Je répète cet exercice 3 fois ou plus.

*Je me reconnecte à l'unicité :*
..........................................................................................
..........................................................................................
..........................................................................................
..........................................................................................

## Le rêve

Il nous arrive tous de faire des rêves éveillés, passerelles entre les idées les plus folles et les créations les plus ambitieuses.

Le rêve est employé dans notre langage courant pour exprimer le plus souvent une envie qui nous tient profondément à cœur. Le rêve, précieux carburant pour l'inspiration et l'imagination, est la source même de la créativité.

Laissez vagabonder votre esprit, naviguez dans vos souvenirs et favorisez les liens entre les idées. Les rêveurs sont intelligents, éclairés et ingénieux. Alors soyez fier d'en être un, et laissez briller votre créativité !

Foncez et créez pour que vos rêves existent pour vous et aussi aux yeux des autres. Pratiquez cet exercice de la vague.

**L'objectif ?** Se détendre et favoriser le rêve.
**Quand ?** À chaque fois que le besoin s'en fait sentir.
**Comment ?** En position debout.
**Combien de temps ?** 3 minutes.

★ Je me tiens debout, les pieds dans l'axe du bassin.
★ Je respire librement.
★ J'imagine tenir un énorme ballon dans mes mains.
★ Je fais rouler ce ballon imaginaire sur mon corps de bas en haut et de haut en bas.
★ Je laisse mon corps se dérouler lentement de bas en haut, puis de haut en bas, comme si j'étais une vague. Tout mon corps ondule comme une vague.
★ Je répète cet exercice le temps de sentir l'assouplissement se faire.
★ Je laisse le rêve circuler dans tout mon être en laissant le corps vibrer le rêve.

*Je me reconnecte au rêve* :
..........................................................................................
..........................................................................................
..........................................................................................
..........................................................................................

# Aboutir à l'acte créatif...

## ... et au bien-être

Toutes les techniques pratiquées – la pensée positive, la respiration, l'ancrage, l'automassage, la visualisation – nous apportent du bien-être. Elles favorisent la détente avant d'amorcer notre travail créatif et installent l'estime de soi nécessaire pour approfondir et persévérer dans nos créations.

Pratiquer ces techniques, accueillir ses émotions et prendre conscience de ses sens, de son corps, de ses valeurs ont des effets sur **3 capacités**. Évoquez-les, portez-les dans votre conscience et réalisez comment elles se développent au plus profond de vous.

### 1re capacité : la confiance en soi

Une activité créative révèle nos potentiels cachés, relance notre motivation et notre joie de vivre, nous permet d'assumer notre originalité et de faire de l'inspiration un véritable carburant de bien-être !

La pratique créative régulière va construire et maintenir une estime de soi saine et dynamique car elle donne toute la place à son expression personnelle et à ses préférences.

Prendre conscience de ses émotions agréables et de ses valeurs humaines qui surgissent pendant le travail créatif boostera la confiance en soi et fera cesser les jugements négatifs ou les a priori que nous pourrions avoir sur soi et sur ses productions.

Gagnez de la confiance créative en essayant plus, en persévérant et en étant davantage résistant à l'échec. Prenez confiance en vos actions créatives, soyez émotionnellement enthousiasmés et voyez-vous comme des personnes créatives. Votre confiance se renforcera à chaque moment de votre vie.

## 2e capacité : l'harmonie corps-esprit

L'être, c'est le corps et l'esprit, le physique et le mental indissociables ; le « bien-être », c'est tout simplement l'équilibre ou l'harmonie entre les deux. Les sentiments, les pensées, les émotions se traduisent par des tensions, plus ou moins profondes. Le corps est le siège de ces manifestations.

Notre qualité de vie est en étroite relation avec notre harmonie corps -esprit. Une présence à soi saine et authentique renforce notre équilibre et permet d'appréhender la réalité avec plus de justesse. Ressentir la paix intérieure, c'est être aimé et respecté dans nos besoins et nos désirs. À travers la pratique d'exercices, faites la connexion entre le corps et l'esprit puis trouvez l'énergie, la force et la sérénité d'accomplir vos créations tout en vous révélant à vous-même.

## 3e capacité : la capacité à l'optimisme

La liberté d'agir, un certain goût du risque, une confiance et une affirmation de soi, une réelle empathie, l'ouverture d'esprit et la patience favorisent l'optimisme et libèrent la créativité.

Les grands créatifs nourrissent quotidiennement leur curiosité et cela les rend optimistes. Nous entrons alors dans un cercle vertueux dans lequel curiosité et positivisme s'entraînent l'un et l'autre. Pour cela, il faut apprendre à sortir de son cadre habituel, à dépasser sa routine et à prendre des risques.

Booster sa créativité par l'optimisme, c'est savoir associer plusieurs éléments entre eux pour en créer quelque chose de nouveau.

L'optimiste a cette capacité à ne pas se suffire de ce qu'il pense ou de ce qu'il sait. Il sait que la créativité et l'ingéniosité naissent de la diversité, de la pluralité des points de vue.

Changez votre angle de vue, considérez les choses autrement, apprenez à penser différemment en prenant du recul sur une situation. L'optimisme est une attitude mentale qui aide à appréhender la vie d'une manière positive et active.

Cette disposition nous ouvre l'esprit, elle nous rend plus motivé, efficace, créatif et productif, et nous fait vivre dans une réalité pleine de potentiels, de chances, d'opportunités. Elle accroît donc nos performances... L'optimisme est un agent de réussite !

# Tous créatifs !

Chaque individu possède une part de créativité et a la capacité de la développer. Pour cuisiner un plat, vous rassemblez tous vos ingrédients et vos ustensiles, lorsqu'il s'agit de jardiner, tous vos outils sont prêts, il en est de même pour coudre, peindre, dessiner, sculpter ou tricoter. Vous le faites de façon intuitive.

À l'issue de ce livre, vous allez en plus mettre en place d'autres dispositions physiques et mentales que vous ne soupçonniez pas et qui vont optimiser vos compétences créatives : celle de prendre le temps de respirer, celle de prendre conscience en profondeur de vos ressources, de votre plaisir, de vos émotions agréables, de vos valeurs de vie, et vous allez en faire état grâce à la pleine conscience et aux exercices proposés.

Vous allez **dépasser la spirale infernale du faire pour rentrer dans l'être**, ce capital indispensable pour atteindre la sérénité intérieure.

Notes :

Notes :

Direction éditoriale : Anne-Sophie Pawlas
Direction artistique (maquette intérieure) : Céline Julien
Correction : Carine Merlin


ISBN : 978-2-299-00429-7
www.editions-tredaniel.com
info@guytredaniel.fr
www.facebook.com/editions.tredaniel



Note de l'éditeur : L'auteur et l'éditeur déclinent toute responsabilité provenant directement ou indirectement de l'utilisation de ce livre. Les déclarations faites par l'auteur concernant les produits, les processus, les méthodes de traitements représentent uniquement les idées et opinions de l'auteur et ne constituent en aucun cas une recommandation ou une approbation de tout produit ou traitement par l'éditeur.

Achevé d'imprimer en août 2021 par la Nouvelle Imprimerie Laballery – 58500 Clamecy
Dépôt légal : août 2021 – N° d'impression : 107845 – Imprimé en France